KÖHLER
*CYBERFACE*
ZU KLAMPEN

Reihe zu Klampen Essay
Herausgegeben von
Anne Hamilton

Andrea Köhler
studierte Germanistik und
Philosophie. Seit 1985 ist sie als Jour-
nalistin, Essayistin und Literatur-
kritikerin tätig. Von 1991 bis 1994 ar-
beitete sie als Kulturkorrespondentin
in Paris. 1995 trat sie in die Feuilleton-
redaktion der »Neuen Zürcher Zeitung« ein, für die sie von 2001 bis
2018 als Kulturkorrespondentin aus
New York berichtete. Bei zu Klampen ist von ihr erschienen: »Scham.
Vom Paradies zum Dschungelcamp« (2017).

ANDREA KÖHLER

# *Vom Antlitz zum Cyberface*

Das Gesicht im Zeitalter seiner
technischen Manipulierbarkeit

*zu Klampen* ESSAY

*Für Melitta*

# Inhalt

»Die beste Maske, die wir tragen, ist unser eigenes Gesicht.«

*Friedrich Nietzsche*

»Was war dein ursprüngliches Gesicht, bevor deine Mutter und dein Vater geboren wurden?«

*Zen-Koan*

# Einleitung

DIE unterhaltsamste Fläche auf Erden sei das menschliche Antlitz, befand der Aphoristiker Georg Christoph Lichtenberg – sie ist zugleich die geheimnisvollste. Vom ersten Kinderlächeln bis zum zerfurchten Greisengesicht, vom beglückten Strahlen bis zur Schmerzensfratze ist das Gesicht die Bühne für unsere Gefühle. Es entzückt und berührt, fasziniert und stößt ab. Wie das Wetter, der Himmel und die Gestirne, strahlt und bewölkt und verfinstert es sich. Tränen rollen, Schamröte gibt es preis, Trauer legt es in Asche, die Lust verzerrt es ebenso wie das Leid. Und zuletzt sitzt darunter der Totenschädel.

Eine Landschaft hat man es genannt, eine Leinwand und eine Visitenkarte, und es – von Gott bis zur Frau im Islam – mit Tabus belegt. Wir maskieren, streicheln und schlagen es, wir lachen, sprechen und küssen mit ihm, es wird mit Nasenringen, Schnurrbart, Brille und Schminke verziert. Laut dem Psychologen und Haptikforscher Martin Grunewald fasst sich jeder Mensch täglich bis zu 800-mal ins Gesicht. Offenbar geht von dieser flüchtigen Selbstberührung eine Art Tröstung aus. Manchmal weiß man auch einfach nur nicht, wohin mit seinem Gesicht.

Eine Seltsamkeit liegt in dem Umstand, dass unsere Physiognomie sich einerseits mit den Jahren verändert, andererseits aber ähnlich bleibt. Die meisten von uns behalten von der Kinderzeit bis ins hohe Alter ihren charakteristischen Zug. Zuweilen nähert sich das Greisengesicht auch dem Kind wieder an. So kommt es, dass man Menschen, die man jahrzehntelang nicht gesehen hat, oft mühelos wiedererkennt. Leider ist auch das Gegenteil wahr: dass das Alter, das Schicksal oder die ästhetische Chirurgie ein Menschengesicht völlig verwüsten können.

Das Gesicht ist die Schnittstelle zwischen Ich und Umwelt, der Ort, wo Sinne und Seele, Person und Persona, das Blicken und das Erblickte zusammentreffen. Physiologisch betrachtet, ist es das Körperteil mit der höchsten Sinneskonzentration: Hier haben die Organe des Sehens und Hörens, des Riechens und des Geschmacks ihren Sitz. Zugleich ist das Gesicht eine Fläche der Mitteilung. Wir entnehmen ihm, welchen Geschlechts und Alters, welcher Herkunft und Stimmung der oder die andere ist. So oder so aber ist eine Begegnung zwischen Gesichtern immer ein Vorstoß in etwas Unbekanntes hinein – und dies nicht nur, wenn sie unter Fremden geschieht. In der Tat ist kein Gesicht vorstellbar, das uns völlig gleichgültig lässt. Das Gesicht ist nicht nur die unterhaltsamste, sondern auch die unwiderstehlichste Fläche auf Erden.

# I
## Zwischen Gesichtern

VIELLEICHT ist es eine weise Einrichtung der Natur, dass man sein eigenes Gesicht nicht sehen kann, jedenfalls nicht unvermittelt, so wie die andern uns sehen können. Photographien, Filme und Spiegel bieten nur eine Ahnung davon, wie unser Gesicht in Aktion erscheint. Was wir als unser eigenes Antlitz erkennen, entspricht nämlich lediglich einer Momentaufnahme unseres Gesichts. Der Abstand zwischen dem Ich, das wir sind oder zu sein glauben, und der Person, die unser Gegenüber erblickt, ist nie wirklich einholbar. So wie auch unsere eigene Stimme für uns selbst einen anderen Klang als für unsere Umgebung hat. Und doch sind Gesicht und Stimme die besonderen Kennzeichen unserer Identität.

Denn neben der Mimik, die aus unendlich vielen Informationen besteht, ist es immer die ganze Person, die wir – zumindest in Umrissen – beim Blick ins Gesicht wahrnehmen. Dabei vermisst das Zusammentreffen der Augen in Sekundenbruchteilen das Terrain. Wir nehmen den Ausdruck des anderen als Entgegenkommen oder als Abweisung wahr; unwillkürlich sucht man nach dem Ansteckungsfaktor der Sympathie. Zwar spielt dabei eine Rolle, ob die oder der andere über Attribute der Attraktivität verfügt. Entscheidender aber ist, was *zwischen* Gesichtern geschieht. Ob man sich auf Anhieb mag oder nicht, wird unter Gesichtern entschieden.

Dieser Vorgang ist intuitiv, und er ist gegenseitig: Wir geben den anderen zu verstehen, ob sie willkommen sind. Das Lächeln ist hierfür die allgemein akzeptierte Konvention – wobei aber deutlich empfunden wird, ob es genuin oder aufgesetzt ist. Das stereotype *big toothy megawatt smile* der Amerikaner, das sich vermutlich den Sprachschwierigkeiten der Einwanderungsnation verdankt, steht seitens der Europäer unterm Verdacht der Oberflächlichkeit. Für die global verbindende Dimension unseres mimischen Potentials spricht wiederum, dass das in sich versunkene Lächeln des Buddha – ein Lächeln, das ganz bei sich selber bleibt und doch alle meint – auch in unseren Breitengraden als Ausdruck höchster Erleuchtung und Liebe gilt.

### Intermezzo

*Domenico Ghirlandaios »Portrait eines alten Mannes und eines kleinen Jungen« aus dem Jahr 1490 ist das ergreifende Bildnis der Begegnung zwischen einem ganz jungen und einem alten Gesicht. Die Zuneigung zwischen Knabe und Greis, die auf diesem Gemälde zwischen Antlitz und Antlitz aufscheint, wird akzentuiert, ja gesteigert durch die drastische Diskrepanz zwischen der von einer Wucherung verunstalteten Knollennase des alten*

*Mannes und der Makellosigkeit des zarten Kindergesichts. Der gütige Blick des Alten, der vertrauensvolle Augenaufschlag des kleinen Jungen, untermalt von seiner zärtlich an die Männerbrust gelegten Hand, sind von einer Zugewandtheit, die unmittelbar zu Herzen geht. Das Bild bezeugt eine Nähe zwischen zwei Menschen, die sich – über die entstellte Nase des Alten hinweg – im Tausch der Blicke vollzieht. Zugleich fängt dieses Doppel-Porträt das ganze Drama der Vergänglichkeit ein: Die Spuren der Verwüstung im Antlitz des Greises und die reine Fläche des kleinen Gesichts spiegeln einander in vollkommener Harmonie. Es ist der beseelte Austausch, der die beiden unter der Aureole der Liebe vereint – ein Leuchten, das vom ursprünglichen Zauber zwischen Menschengesichtern erzählt.*

## Von Angesicht zu Angesicht –
## Mutter und Kind

> Denn wir bleiben lebenslang Kinder und legen bis zum Tod die Köpfe in den Nacken, um den Ausdruck auf den Gesichtern der Erwachsenen zu entziffern.
>
> *Harold Brodkey, »Unschuld«*

Der innige Austausch von Mutter und Kind ist gemeinhin die erste Aufführung in dem Drama, das sich zwischen Menschengesichtern abspielt. Schon Neugeborene interessieren sich mehr für Gesichter als für jedes andere Phänomen; nach kurzer Zeit können sie das Antlitz der Mutter wiedererkennen. Diese Ausrichtung bringen wir mit auf die Welt. Bei intrauterinen Untersuchungen hat man Schwangeren mit Licht eine Art Smiley auf die Bauchdecke projiziert und dabei beobachtet, dass die Ungeborenen sich ab einem bestimmten Entwicklungsstadium nach dem Lichtmuster ausrichteten – dies aber nur, wenn das Lichtgesicht nicht verkehrt herum gezeichnet war.

Die Reaktion auf ein Gesicht ist der erste Akt in der Wahrnehmung einer anderen Realität, ja unser Selbst- und Wirklichkeitssinn entwickelt sich überhaupt nur über die An- und Abwesenheit eines Gesichts. Wie der Kinderanalytiker Donald Winnicott bemerkt, entspricht der Blick der ersten Bezugsperson dem Vorläufer eines Spiegels. Das Gesicht der Mutter reflektiert die Emotionen, aus denen allmählich das Selbstbild des Kindes entsteht. Auch das Gehalten- und Genährtwerden ist verbunden mit der Zugewandtheit eines Gesichts. In einem zweiten Entwicklungsschritt kommt dann die Erfahrung hinzu, dass sich das liebevolle Antlitz verändern, dass es als ablehnend erlebt werden kann.

Dieser Blick, der – ob kalt taxierend oder liebevoll zugewandt – die Sicht auf uns selber formt, wird die im Dunkeln des Unbewussten schlummernde Keimzelle unserer Empfindungen bei der Begegnung mit anderen Menschen bleiben. Das Misslingen der ersten Gesichts-Beziehung gilt als eine Ursache bleibender psychischer Wunden – so

14

wie sich umgekehrt eine gesunde Persönlichkeit nur in der zuverlässigen Präsenz eines vertrauten Gesichtes herausbilden kann. Diese Mitgift aus der biographischen Frühzeit prägt unsere Reaktion auf die Physiognomien anderer Menschen ein Leben lang. Sie ist der archaische Bodensatz für unsere unwillkürlichen Urteile in der Begegnung mit Fremden. Da die spontane Reaktion auf ein Gesicht dem verschütteten emotionalen Fundus unserer vorsprachlichen Existenz entstammt, ist sie der kritischen Selbstreflexion nur bedingt zugänglich. Intuitiv aber spürt man beim Blick ins Gesicht des andern sofort, ob »die Chemie stimmt«.

### The One and Only – das geliebte Gesicht

> Ach, du warst in abgelebten Zeiten / Meine Schwester oder meine Frau.
>
> *Johann Wolfgang von Goethe,*
> *»Gedichte«*

Die Liebe auf den ersten Blick mag ein Mythos sein, er ist, ob wahr oder nicht, noch immer wirksam. In der Menge der unzähligen Gesichter lauert unverhofft das *eine* Gesicht, das Amors Pfeil losschickt. Dieser vielbesungene und gleichwohl rätselhafte Vorgang speist sich aus dem Eindruck einer Vertrautheit, der auf Wiedererkennen beruht. Wie der berühmte Blitz aus heiterem Himmel rührt das fremde Gesicht an etwas in unserem Unbewussten, das auf diesen Anblick gewartet zu haben scheint. Man meint, sich seit Ewigkeiten zu kennen.

Die Besonderheit dieses Gesichts löst also eine Art Erinnerungsschock aus, der die Getroffenen mir nichts, dir nichts in einen Ausnahmezustand versetzt. Dieses unsterbliche Phänomen, ob schicksalhafte Fügung oder hormoneller Schub genannt, hat Legionen von Philosophen und Dichtern – und natürlich Hollywood und die Musikindustrie – inspiriert. In Platons »Phaidros« steht das Begehren, das ein schönes Gesicht auslöst, freilich auf der untersten Ebene der Liebeshierarchie. Die erotische Ergriffenheit angesichts einer bezaubernden Physiognomie ist dort nur ein Mittel zum Zweck: Vorstufe für die Erkenntnis des Göttlichen und die Liebe zur reinen Idee. Doch macht nicht die Liebe jeden und jede zu einer Art Götter-Wesen?

Es gibt freilich auch den Fall, dass Menschen sich spontaner Antipathie zum Trotz ineinander verlieben. Dass die Züge des anderen, mögen sie auf Anhieb auch wenig anziehend sein, im Laufe der Zeit etwas Unwiderstehliches gewinnen. Das Einfalltor für die Liebe ist meistens das »Fenster zur Seele«, die Augen. Im 15. und 16. Jahrhundert galt es noch als das Äquivalent einer physischen Berührung, jemanden direkt anzusehen. Vielleicht kommt daher die seismographisch austarierte Blick-Dramaturgie, die intuitiv bestimmt, wie lange wir den anderen anschauen dürfen. Mehr als 3,3 Sekunden, sagt die Statistik der Etikette, sieht man sich höflicherweise nicht in die Augen. Alles darüber hinaus geht auf die eine oder andere Weise unter die Haut.

»Warum gabst du uns die tiefen Blicke?« dichtete Goethe halb selig, halb verzweifelt das Schicksal (bzw. Charlotte von Stein) an. In einem berühmt gewordenen Experiment hat der Psychologe Arthur Aron über zweihundert Jahre später diese Frage aufgegriffen und zwei Fremde dazu gebracht, sich zu verlieben, indem er sie einander vier Minuten lang tief in die Augen schauen ließ – eine Versuchsanordnung aus dem Jahr 1997, die die amerikanische Autorin Mandy Len Catron im Jahr 2015 noch einmal nachgespielt hat. Der Anfang, schreibt sie in ihrem rekordverdächtig oft gelesenen Essay mit dem Titel »To Fall in Love With Anyone, Do This« in der »New York Times«, sei reichlich unbehaglich gewesen: betretenes Lächeln, verlegene Unruhe auf beiden Seiten, das Gefühl, mehr zu offenbaren, als den beiden Beteiligten lieb war. Die größte Herausforderung aber bestand für die Autorin anfangs darin, dem anderen dabei zuzusehen, wie er in sie hineinblickte. Dann aber geschah etwas Seltsames: Ihr Wahrnehmungsfokus veränderte sich,[1] und sie sah nur noch die Augen. Fasziniert von der wundersamen Natur dieses Organs, studierte sie die Kugelgestalt des Augapfels und das Zusammenziehen der Pupille, die durchsichtig-glatte Oberfläche der Hornhaut,

---

1 Catron, Mandy Len: *To Fall in Love With Anyone, Do This.* In: New York Times, 9. Januar 2015.

die exquisite Struktur und Farbe der Iris. Als es vorbei war, war sie erleichtert und traurig zugleich. Man kann diese Form der Fokussierung natürlich als Abwehr verstehen. Das Experiment gelang trotzdem: Die beiden verliebten sich. Was genau da passierte, ist freilich unklar. Wahrscheinlich ist, dass die Beteiligten sich auf dieses Spiel nur einließen, weil die Anziehung zwischen ihnen schon existierte. Und dennoch scheint diesem intimen Vorgang stets aufs neue eine unwiderstehliche Kraft innezuwohnen. Denn was gibt es Schöneres, als dass man eintaucht in die Augen eines anderen wie in einen See und sich dabei berührt? Dass ein Funke zündet, der uns entflammt. »Ich seh dir in die Augen, Kleines« – Humphrey Bogarts berühmter Satz aus dem Film »Casablanca« hat nicht umsonst Filmgeschichte geschrieben. Was man in dem Film freilich nicht sieht, wohl damit der Zauber der Szene oder vielmehr die konventionelle Blick-Dramaturgie zwischen Mann und Frau nicht durchkreuzt wurde: Der um einiges kleinere Bogart musste in dieser Szene auf einen Hocker steigen, um mit Ingrid Bergmann auf Augenhöhe zu flirten.

## Entstellte Ähnlichkeit

Es ist ein faszinierendes Phänomen, dass man in den Gesichtern von Fremden zuweilen die Züge eines vertrauten Menschen erblickt – eine Beobachtung, die uns wie ein Fehlalarm mit Irritation erfüllt. Dass

Menschen, die nichts miteinander zu tun haben, einander so ähneln können, als sei Verwandtschaft im Spiel, legt eine Fährte in unser Unbewusstes; das Einzigartige und das Überindividuelle verschwimmen dann wie im Traum. Man könnte auch sagen, diese Wahrnehmung ruft eine Art falscher Erinnerung in uns wach. »Die sieht aus wie Hanna mit schwarzen Haaren«, denken wir etwa, oder: »Das ist Christian, nur zehn Jahre jünger.« Nicht selten meint man auch, ein Gesicht von einem alten Gemälde in Fleisch und Blut vor sich zu haben, Frauengesichter, wie von Vermeer gemalt. Es ist ein Wiedererkennen, das durchaus nachprüfbar ist, etwa wenn unser Begleiter dieselbe Übereinstimmung der Gesichtszüge konstatiert. Und das, wie die entstellte Ähnlichkeit unserer Träume, die Bekanntes mit Fremdem mischt, einen Moment der Unheimlichkeit generiert.

Ähnlichkeit, Fremdheit – die Frage, was uns zusammenbringt und was uns trennt, wird angesichts physiognomischer Parallelen unwillkürlich gestellt. Die Genforschung hat festgestellt, dass Menschen, die einander auffallend ähneln, auch einen hohen Prozentsatz an DNA teilen. Das im August 2022 im Journal »Cell Reports« veröffentlichte Forschungsprojekt des spanischen Josep Carreras Leukaemia Research Institute geht zurück auf das Fotobuch »I'm Not a Look-Alike«, für das der kanadische Künstler François Brunelle Hunderte von Doppelgängern aus der ganzen Welt photographierte. Die

Zellforscher, die zunächst die physischen Unterschiede von identischen Zwillingen studiert hatten, wollten im Gegenzug die genetischen Ähnlichkeiten von identisch aussehenden, aber nicht verwandten Individuen vergleichen. Dabei stellten sie zu ihrem eigenen Erstaunen eine frappierende Übereinstimmung in der DNA der *Look-Alikes* fest.[2] Es war, als spielte die Natur den herkömmlichen Erwartungen an die eherne Gesetzmäßigkeit der biologischen Verwandtschaft einen Streich.

Dabei ist Ähnlichkeit unter Verwandten durchaus nicht die Norm, ja man wundert sich immer wieder, wie grundverschieden Geschwister aussehen können. Es kommt aber vor, dass Brüder und Schwestern, die sich in jungen Jahren nicht im geringsten gleichen, im Alter gemeinsame Züge ausprägen – als setze sich das, was man gemeinhin »Familienähnlichkeit« nennt, erst im Laufe der Zeit langsam durch. Oft aber ist nicht ganz klar, was genau den Eindruck der Ähnlichkeit zwischen Menschen erzeugt. Eine objektive Gleichheit der Züge? Ein Archetypus, der sich durch Jahrhunderte hält? Oder ist es nur unsere stets nach Vergleichen lechzende Einbildungskraft? Vielleicht ist es aber auch die Verwandtschaft der Gattung, die uns als Ahnung streift – als zöge für einen Augenblick die Karawane der Generationen durch uns hindurch.

---

2 Josep Carreras Leukaemia Research Institute (https://www. cell.com/cell-reports/fulltext/S2211–1247(22)01075–0).

# Der Mann im Mond – Gesichtsbezogenheit

*Als Kind habe ich Stunden mit dem Studium des marmorierten Fliesenbodens im Badezimmer verbracht. Ich war fasziniert von all den Gesichtern, die sich dort in dem kalten Stein verkrochen. Man nennt dieses Phänomen »Pareidolie« – ein Begriff, der sich aus den griechischen Wörtern »para« (daneben) und »eidolon«, Trug- und Schattenbild, zusammensetzt. Der Name sagt schon, dass man nicht genau sagen kann, woher unsere Neigung kommt, überall Gesichter hineinzusehen – die Identifikation von menschlichen Zügen in Tapetenmustern und Wolkenformationen, auf Marmorfliesen oder im Mond verläuft intuitiv und spontan. Auch in Träumen und jenen Visionen, die sich im somnambulen Zustand zwischen Schlafen und Wachen einstellen, lauern Gesichter, die aus dem Land der Schatten zu uns herüberzunicken scheinen. Es sind die ephemeren Bewohner eines Jenseits-Reichs, »Gesichte«, wie das einmal hieß, die uns so lange über die Schwelle zu locken versuchen, bis wir eines Tages ganz bei ihnen bleiben.*

## Die erste Unterscheidung – Freund und Feind

Das Gesicht ist die Bühne, auf der sich unsere Persönlichkeit zeigt. Dass es auch über den Charakter oder gar die Moral Aussagen macht, haben die fatalen Folgen der physiognomischen Lehre längst als Irrtum entlarvt. Antisemitismus, Rassismus und Stigmatisierung gründen auf der Idee, äußere Merkmale mit Eigenschaften zu koppeln. Man weiß, wohin das geführt hat. Das ändert freilich nichts daran, dass wir dazu neigen, diesem bequemen Kurzschluss stets aufs neue zu erliegen. Wir forschen in den Zügen von Fremden unwillkürlich nach der Durchschrift des Herzens, dem Wesen einer Person. Ja, es scheint geradezu unmöglich zu sein, in einen Austausch zu treten, ohne im Sekundenbruchteil ein Urteil zu fällen. Unbewusste Ressentiments oder Vorlieben werden mobilisiert. Und auch wenn aus anfänglicher Abneigung Sympathie, ja Liebe entstehen kann, meist bleibt es im wesentlichen dabei: »Ich mag die«, oder: »Den mag ich nicht!«

Nicht das Gesicht allein, auch der Kontext formt an diesem Eindruck mit. Schon auf Reisen in ferne Länder erfahren wir, wie die fremde Physiognomie uns den Boden unter den Füßen wegziehen kann – zumindest, bis Gewohnheit die Irritation einlullt. Menschen orientieren sich am Gesicht, und wenn es bedeckt oder unvertraut ist, entsteht Verunsicherung. Dann bekommt das Fremde ein Kollektivgesicht, dessen Wirkung sich schnell in pauschalen Urteilen niederschlägt. »Die Asiaten sehen alle gleich aus.« Wahr ist nur, dass unser Mienenspiel immer auch kulturell geprägt ist. Und dass wir uns in der Fremde auf unser eingefleischtes Verständnis mimischer Ausdrucksformen nicht immer verlassen können.

Gleichwohl gibt es nichts auf der Welt, an das wir uns so zuverlässig klammern wie an das Gesicht. Weil Menschen seit jeher in Gruppen lebten, hing das Überleben der Art davon ab, dass man Freund und Feind unterscheiden konnte. Dieses Gesichts-Wissen ist universell und angeboren; es ist die einzige Sprache, die alle menschlichen Wesen sprechen. Auch das spontane Lächeln beim Anblick eines Kindergesichts ist evolutionär vorprogrammiert – eine unwillkürliche Reaktion, die den Beschützerinstinkt aktiviert. Neurowissenschaftler haben bestimmte Bereiche im Gehirn identifiziert, die besonders auf Gesichter ansprechen – das *fusiforme Gesichtsareal* und das *occipitale Gesichtsareal*, die im hinteren Bereich des sogenannten Schläfenlappens lokalisiert sind. Mit ihnen sortiert unser Gehirn visuelle Eindrücke zuerst danach, ob es sich um Gesichter handelt oder nicht.

Die Fähigkeit zur Gesichtserkennung versetzt den Menschen in die Lage, lebenslang eine unendliche Zahl an Gesichtern auseinanderhalten zu können. Dabei funktioniert der Wiedererkennungseffekt unabhängig davon, wieviel Zeit seit der letzten Begegnung verflossen ist. Wir erkennen ein Gesicht oft auch nach Jahren noch wieder. Es ist, als hätte unser Gedächtnis die Vorstellung einer Person aufbewahrt, der das Vergehen der Zeit nichts anhaben kann. Dennoch kann es passieren, dass wir Mühe haben, jemanden, den wir jeden Tag am Tresen des Bäckers sehen, zu verorten, wenn er uns plötzlich im Bus gegenübersitzt. Was auch heißt: Die Wahrnehmung eines Gesichts ist aus Erinnerungen und Erwartungen zusammengesetzt.

Das Erkennen von Gesichtern wird in den ersten beiden Lebensjahren ausgeprägt. Wie die Kognitionswissenschaft festgestellt hat, sind Babys bereits mit etwa sechs Monaten in der Lage, eine breite Palette individueller Gesichter zu unterscheiden. Mit einem Dreivierteljahr haben kleine Kinder dann in der Regel gelernt, ihre Vorstellung von »Gesichtern« mit speziellen Personen zusammenzubringen. Deshalb gelingt es Blindgeborenen, die ihre Sehkraft erst in späteren Jahren durch eine Operation wiedererlangen, häufig nicht mehr, Gesichter zu differenzieren.

Auch gibt es Menschen, die an ihren eigenen Kindern vorübergehen, wenn sie ihnen in fremder Umgebung begegnen. Ihre Sehkraft ist nicht beeinträchtigt, doch ihr Gehirn kann die individuellen Züge nicht zu einem Gesicht zusammensetzen, das ihnen bekannt vorkommt. Diese »Gesichtsblinden« leben in der ständigen Unsicherheit, ob die Frau, die ihnen im Hausflur begegnet, womöglich ihre eigene ist – nicht zu reden von der Angst, Bekannte, Kolleginnen und Freunde vor den Kopf zu stoßen. Bei solchen Wiedererkennungsproblemen, *Prosopagnosie* genannt, ist die für das Gesicht zuständige Region des Gehirns in Mitleidenschaft gezogen – ein Leiden, das durch einen genetischen Fehler, einen Unfall oder durch einen Tumult in der zerebralen Chemie entstehen kann. Meistens entwickeln Personen mit diesem Wahrnehmungs-Handicap kompensatorische Mechanismen, um Bekannte zu identifizieren, durch die Stimme, die Silhouette oder markante Merkmale wie etwa die Art, zu gehen. Da die Fähigkeit, das Geschlecht, das Alter und die Gefühlslage des Gegenübers erkennen zu können, nicht beeinträchtigt ist, merken Menschen mit angeborener Prosopagnosie häufig lange nicht, dass sie gesichtsblind sind. Kinder mit dieser Behinderung gelten dann meist nur als schüchtern und introvertiert, Erwachsene dagegen werden häufig als arrogant, unhöflich und asozial diskreditiert. Diese Behinderung, die die Betroffenen häufig mit Scham erfüllt, ist wenig bekannt, doch nicht selten: Jeder vierzigste bis fünfzigste Mensch kommt mit Gesichtsblindheit auf die Welt.

Der 2015 verstorbene Neurowissenschaftler Oliver Sacks etwa berichtet, wie er ihm nahestehende Menschen, mit denen er eben noch in einem Raum zusammen gewesen ist, im Aufzug schon nicht mehr erkannte; auf der Straße ging er an seiner eigenen Frau vorbei. Seine Gesichtsblindheit ging so weit, dass er in der Fensterscheibe eines Restaurants einen Fremden für sein eigenes Spiegelbild hielt. Prosopagnosie-Patienten, schreibt Sacks im Magazin »The New Yorker«[3], zeigten zwar meistens Verletzungen am *fusiformen Gesichtsareal*, doch ist bei

---

3  Sacks, Oliver: The New Yorker, 30. August 2010.

ihrer Gesichtswahrnehmung noch immer ein komplexes kognitives Netzwerk aktiv. Dazu gehört auch die intuitive Fähigkeit, Erinnerungen und Gefühle, die mit dem Gesicht des andern verbunden sind, zu mobilisieren.

Just diese Fähigkeit aber ist bei dem sogenannten *Capgras-Syndrom* in Mitleidenschaft gezogen. Es ist dies eine Krankheit, bei der Gesichter wiedererkannt werden, doch die damit normalerweise verbundene emotionale Reaktion ausbleibt. *Capgras*-Patienten erkennen zwar die Gesichter von nahestehenden Personen, doch fühlen sie keinerlei Vertrautheit mit ihnen; die Nervenbahnen zwischen Gefühl und Erinnerung sind zerstört. Aus der richtigen Beurteilung der visuellen Information – »Das ist meine Mutter« – und der mangelnden emotionalen Bestätigung – »Es fühlt sich aber nicht an, als wäre es meine Mutter« – entsteht ein Widerspruch, den das Gehirn auszugleichen und logisch darzustellen versucht. Es erschafft also eine Art kompensatorisches Wahnsystem, in dessen Rahmen die Diskrepanz zwischen Wissen und Fühlen wenigstens einen Sinn ergibt.[4] Patienten mit dieser mysteriösen Behinderung glauben, dass ihre Nächsten durch identisch aussehende (und nicht selten feindliche) Doppelgänger ersetzt worden sind. Während also Personen mit *Prosopagnosie* in der Lage sind, das Wahrnehmungsdefizit ihrer eige-

---

4  https://www.dasgehirn.info/grundlagen/anatomie

nen Konstitution zuzuschreiben, sind Menschen mit dem *Capgras-Syndrom* davon überzeugt, dass bei ihnen selbst alles in Ordnung ist und nur mit dem Gegenüber etwas nicht stimmt.

Es ist vorstellbar, dass diese noch wenig erforschte gespenstische Disposition eine neurologische Spur zu dem in der Kunst seit jeher beliebten Doppelgängermotiv legt. E. T. A. Hoffmanns Roman »Die Elixiere des Teufels« aus dem Jahr 1815 etwa gilt als eine der ersten literarischen Bearbeitungen der Persönlichkeitsspaltung. Das Doppelgängermotiv, das in der deutschen Romantik bald so verbreitet war, dass der deutsche Begriff auch in vielen anderen Sprachen verwendet wird, hat seine wohl unheimlichste Verkörperung freilich bei Edgar Allan Poe gefunden, namentlich in der Geschichte »Das verräterische Herz«. Was Freud als den »verdrängten Anteil im Ich«, C. G. Jung als den »Schatten« und Religion und Volksmund als »Teufel« bezeichnen, ist gemeinhin das abgespaltene Böse, das dem Protagonisten im Spiegel oder im Traum begegnet – wobei stets die Gefahr besteht, dass der Doppelgänger wie beim Capgras-Syndrom den »besseren Anteil« auslöscht und die Regie an sich reißt.

# II
# Kult und Kosmetik

*Intermezzo*

*Auf der griechischen Insel, auf der wir seit vielen Jahren den Sommer verbringen, gibt es einen Mann, den haben wir »das Gesicht« genannt. Das Gesicht dieses Mannes ist mit der Zeit älter geworden, doch merklich verändert hat es sich nicht. Es ist ein langes Gesicht mit archaischen Zügen, fast wie in Stein gehauen oder aus Holz geschnitzt, und so unbewegt, dass man meint, eine Maske vor sich zu haben. Vielleicht sind auch deshalb die Spuren des Alters an ihm vorübergegangen – oder besser gesagt: Sie fallen nicht ins Gewicht.*

*Dieses Gesicht ist ein Rätsel, fest und ätherisch zugleich. Das Rätselhafteste an dem Gesicht aber ist, dass es immer denselben Ausdruck zu tragen scheint, jahraus, jahrein die gleiche melancholische, ja tragische Miene. Auch kommt es mir vor, als sei der Mann immer allein. Doch resultiert dieser Eindruck wohl aus der Einzigartigkeit seiner seltsamen Physiognomie. Was am meisten auffällt, sind zwei tiefe Kerben, die die Wangen spalten. Sie sehen aus, als hätten sich zwei Rinnsale unbarmherzig in seine Züge gefräst. Zugleich verführt dieses Merkmal dazu, das Gesicht aufzuteilen und Stirn, Nase, Kinn und Wangen getrennt wahrzunehmen. Es ist, als ob das Gesicht unseren Blick dekonstruiert.*

*Das Gesicht sei ein »Irgendetwas«, schreibt der franzö-*
*sische Philosoph Emmanuel Levinas – was wohl nichts*
*anderes heißt, als dass ein Gesicht, wie die Zeit, letztlich*
*etwas Unfassbares ist. Und doch gewinnt die Zeit im Ge-*
*sicht eine individuelle Gestalt. Vielleicht kann man das*
*auf einer kleinen Insel auch deshalb so gut studieren, weil*
*der Kosmos so überschaubar ist. Man kennt die Gesichter,*
*ohne die Menschen zu kennen. Wenn man dann nach*
*längerer Abwesenheit wiederkommt, sind die Physiogno-*
*mien ein Spiegel, der die Spuren der Zeit reflektiert. Die*
*blinde Stelle in diesem Spiegel aber ist das Gesicht dieses*
*Mannes, das sich über all die Jahre nicht verwandelt zu*
*haben scheint.*

*Mitunter sind es freilich weder Alter noch Schicksal, die*
*ein Gesicht verändern, sondern der Wunsch, die Jahre*
*ungeschehen zu machen. So traf ich unlängst beim Gang*
*durch die Gassen auf eine Norwegerin, die seit langem die*
*Sommer auf derselben Insel verbringt. Ich hätte sie nicht*
*wiedererkannt, wären nicht ihre weißblonde Mähne und*
*ihre flachsblonden Zwillingstöchter gewesen. Nach den*
*Standards der Schönheitsindustrie sah sie phantastisch*
*aus. Ihre Physiognomie aber schien aus einem künst-*
*lichen Material gefertigt, die Zeit in ihren Zügen eingefro-*
*ren zu sein. Das Befremdlichste daran war freilich, dass*
*jede Herzlichkeit nicht allein aus ihrem Gesicht, sondern*
*auch aus ihrem Verhalten gewichen war – als habe die*
*Froststarre ihrer Mimik auch ihre Reaktionen in Haft*
*genommen.*

# Der goldene Schnitt – plastische Chirurgie

Die Schönheit hat nur ein Gesicht,
die Hässlichkeit tausend.

*Victor Hugo, »Der Glöckner von Notre Dame«*

Ab einem bestimmten Alter, sagt das Bonmot, sei jeder für sein Gesicht selbst verantwortlich. Dabei kann es sein, dass bereits beim Säugling das Greisen-Gesicht durchscheint. Was aber arbeitet mit an der Beurteilung eines Gesichts? Stereotype sicher, allen voran die von Schönheit, Alter und Geschlechternormen. Darüber hinaus ist die Begutachtung eines Gesichts kultur- und epochenabhängig. Über die Wangen von jungen Mädchen etwa ist früher, als man sich noch an der Lieblichkeit errötender Unschuld ergötzte, manches geschrieben worden. Bei Männern sind es traditionell vor allem Nase und Stirn, die bei der Konturierung der Wahrnehmung eine Hauptrolle spielen – und natürlich das Kinn. Ein markiger Kiefer signalisiert Virilität und gilt als Statement von Autorität und Entschlossenheit. In Krisensituationen sieht man in den Gesichtern von Männern in Machtpositionen daher häufig die Kaumuskeln mahlen. Elias Canetti hätte darin wohl den archaischen Wunsch, den Gegner zu fressen, erkannt.

Natürlich ist der Begriff von Schönheit bzw. ihres Gegenteils immer auch subjektiv. Gleichwohl herrscht unter Europäern und Asiaten eine unbarmherzige Einigkeit darüber, welche Vertreter der jeweils anderen Bevölkerungsgruppe als hässlich oder als hübsch zu bewerten seien. Anfang der 1990er Jahre hat die Attraktivitätsforschung die Faktoren Symmetrie und Harmonie als besonders anziehend ausgemacht und diese These seither in vielen Umfragen zu belegen versucht. Demnach ist das schöne Gesicht das Gesicht ohne Auffälligkeit, statistisch gesprochen: das Durchschnittsgesicht.

Die Methode dieser Untersuchungen stützt sich auf das computergenerierte *Face Morphing*. So nennt man das Überlagern und Ineinander-Kopieren mehrerer Gesichter – ein Prozess, bei dem ein ganz neues Gesicht entsteht. Je mehr Gesichter ineinander gespiegelt wurden, desto günstiger fiel der virtuelle *Beauty Contest* in Umfragen aus. Kritischere Studien kamen freilich zu dem Schluss, dass die Attraktivität der übereinandergelegten Gesichter deshalb exponentiell zunimmt, weil störende Asymmetrien und Unebenheiten der Haut durch das Morphing zum Verschwinden gebracht werden. Allemal aber lässt sich festhalten, dass aus unattraktiven Gesichtern generierte Durchschnittsgesichter auch weiterhin unattraktiv erscheinen, wogegen Durchschnittsgesichter aus attraktiven Gesichtern eher dem Schönheitsideal entsprechen. Allein die Anzahl der in einem Durchschnittsgesicht enthaltenen Gesichter dürfte also für dessen Attraktivität kaum entscheidend sein. Wohl aber die Anzahl der

Jahre, die die für das Morphing benutzten Gesichter akkumuliert haben.

Dass Schönheit und Jugend zusammengehören, ist natürlich nichts Neues. Noch nie aber ist der Prozess des Älterwerdens so ungnädig beurteilt worden wie heute. Besonders bei Frauen erscheinen Falten und Furchen als Ausdruck eines Versagens, dem es so früh als möglich entgegenzuarbeiten gilt. Dabei ist der Wunsch, das äußere Bild dem inneren Ideal (oder auch einem Idol) mit operativen Mitteln anzugleichen, längst nicht mehr auf alternde Stars beschränkt. Auch die Zahl junger Menschen, die sich nach Maßgabe bildbearbeiteter Selfies oder nach Vorbildern aus den sozialen Medien unters Messer legen, nimmt rasant zu. Laut der *American Society for Aesthetic Plastic Surgery* wurden in den USA anno 2020 landesweit insgesamt 229 000 kosmetische Prozeduren, darunter Botox und Filler, sowie fast 90 000 operative Eingriffe wie Nasen- und Augenlidkorrekturen an Mädchen im Alter von 13 bis 19 Jahren durchgeführt.[1] Unter dem Einfluss von kaum der Pubertät entwachsenen *Influencerinnen* sinkt das Alter, in dem bei Kindern das sogenannte *Baby-Botox* zum Einsatz kommt, bald auf Grundschulniveau. Wo schon Zehnjährige ihren Ein-

---

1   Laut der Vereinigung der Deutschen Ästhetisch-Plastischen Chirurgen stieg die Zahl der Facelifts in Deutschland seit 2021 um 57,2 Prozent an (FAZ vom 6.4.2024).

kaufskorb mit sündhaft teuren Kosmetikprodukten füllen und ihre Altersgenossinnen auf TikTok mit ihrer Schönheitsroutine bekannt machen, hat die Kommerzialisierung des Schönheitswahns auf ganzer Linie gesiegt. Inzwischen hat die Explosion aufgespritzter Lippen und des Permanent Make-up zu einer rasanten Angleichung jugendlicher Gesichter geführt. Bei den 18- bis 29-Jährigen spricht man daher schon von der »Freeze-Face-Generation«.

Wer seine Makel, ob echt oder eingeredet, loswerden möchte, hat heute jedenfalls viele Optionen. Allenfalls steht der zeitgenössischen Optimierungssucht das Portemonnaie im Weg. Dieser Trend, der ursprünglich mit Realityshows wie »The Real Housewives« aufkam, ist aus der Trash-Abteilung des amerikanischen Nachmittagsfernsehens längst in den globalen Mainstream gelangt. Inzwischen ist die gezielte Gesichtsmuskellähmung mit Botox so ubiquitär, dass das Schönheitsideal sich den unnatürlichen Standards schon angepasst hat. Denn je mehr Menschen mitmachen, desto »normaler« werden regungslose Gesichter und aufgeplusterte Lippen. In den sozialen Netzwerken und auf der Leinwand existiert jedenfalls nahezu kein weibliches Gesicht mehr, das realistisch altern darf. Eingefrorene Mienen von Schauspielerinnen, deren Maskenhaftigkeit vor noch nicht langer Zeit heftige Irritation, ja Ablehnung hervorrief, treiben die Akklimatisierung ans Abnorme voran. Zumal der Gewöhnungseffekt von Trash-TV und TikTok

34

auch die große Leinwand nicht mehr verschont. Ja, die Mumifizierung der weiblichen Züge ist in Hollywood derart fortgeschritten, dass die steinerne Miene einer Nicole Kidman, die noch vor wenigen Jahren mit einer »gefrorenen Tundra« verglichen wurde, heute als schauspielerische Glanzleistung gefeiert wird. Ihre »phänomenale Ausdrucksarmut«, schreibt etwa »Der Spiegel«, habe nämlich auch Vorzüge: In der sechsteiligen Serie »The Undoing« etwa verschaffe »die extrem festgezurrte Mimik Kidmans Figur die Aura einer gewissen Rätselhaftigkeit«. Und die »Washington Post« schwärmte: »Nur ihr eisiger Blick lässt erahnen, was sie denken mag.«[2]

Nun hat die Menschheit immer von glatter Haut geträumt. Lucas Cranachs Gemälde »Der Jungbrunnen« aus dem 16. Jahrhundert hat diesem Traum ein bezauberndes, wenn auch etwas einseitiges Denkmal gesetzt. Das Bild zeigt eine Art Zeitreise: Während auf der einen Seite der Szene eine Gruppe runzliger alter Frauen von ihren betagten Gatten in die verjüngende Quelle geleitet wird, streben auf der anderen Seite blühende junge Mädchen in die Arme von Männern deutlich fortgeschrittenen Alters. Dass das maskuline Geschlecht anscheinend keiner Verjüngung bedurfte, fiel bereits Cranachs Zeitgenossen ins Auge. Es wurde von Rabelais mit

---

2  Der Spiegel, 30. November 2020, The Washington Post, 20. November 2020.

dem Umstand erklärt, dass alte Männer durch die erotische Zuwendung junger Frauen schon von selber zu jugendlicher Virilität zurückfinden würden.

Die Degradierung der alternden Frau ist jahrhundertealt. Schon Horaz und Catull haben in abstoßenden Porträts geschwelgt. Besonders im Mittelalter war die Diffamierung der Greisin ein beliebtes Motiv. Bei Boccaccio setzt sich dies fort in Tiraden über die kosmetischen Täuschungsmanöver, mit denen »das schmutzige Geschlecht« sein wahres Gesicht zu verstecken suche.[3] Solch doppelte Standards für Männer und Frauen sind ungebrochen in Kraft. Die Häme, die in den sozialen Medien über alternde Schauspielerinnen ausgegossen wird, wenn sie sich liften lassen, unterstreicht jedenfalls die Parteilichkeit eines Schönheitsdiktats, das den Attraktivitätsverlust durch das Alter vor allem bei Frauen bestraft.

Dabei haben Gesichter, die außerordentlich hässlich oder durch ein groteskes Detail entstellt sind, eine eigene Faszination; zumindest sind sie meist interessanter als ein einfach nur hübsches Gesicht. In der Kunst hat sich der ambivalente Reiz des Hässlichen als Herausforderung an die Fertigkeit der Gestaltung niedergeschlagen. Schon Aristoteles hält in seiner »Poetik« fest, dass die künstlerisch formvollendete Wiedergabe hässlicher Dinge Schönes

---

3   Eco, Umberto: Die Geschichte der Hässlichkeit. München 2007, S. 164.

hervorbringt, und nahezu alle ästhetischen Theorien geben ihm recht. In der Wirklichkeit freilich streift uns beim Anblick extremer Hässlichkeit eine eigentümliche Mischung aus Staunen und Abwehr – und nicht zuletzt die Erleichterung, selbst nicht mit solchen Zügen geschlagen zu sein.

## Das Kinn der *Venus*, die Stirn der *Mona Lisa*

Als die französische Performance-Künstlerin Orlan sich Anfang der 1990er Jahre für ihr blutiges Kunstprojekt »The Reincarnation of Saint-Orlan« in mehreren live gefilmten Operationen das Kinn von Botticellis »Venus«, die Nase von Gérômes »Psyche« und die Stirn von Leonardo da Vincis »Mona Lisa« ins Gesicht pflanzen ließ, meisterte sie diese Tortur, dabei laut Gedichte deklamierend, unter lediglich örtlicher Anästhesie. Erklärtermaßen war ihr Ziel nicht, »schöner« zu werden, sondern das Gesicht in die eigene Verfügungsgewalt zu bringen. Auf diese Weise sollte die Obsession der westlichen Gesellschaften mit dem weiblichen Körper angeprangert werden. Es ging darum, die durch die Medien und die Kosmetikindustrie propagierte Fremdbestimmung mit gestalterischen Mitteln zu kontern, oder besser: durch übertriebene Affirmation ad absurdum zu führen. Zuletzt protestierte Orlan gegen »die Diktatur auferlegter Schönheitsstandards« gar mit in den Prozess integrierten »Kunstfehlern«: Sie ließ sich entstellende Beulen auf die Stirn operieren.

Die menschliche Disposition zu altern, ist stets mit weiblichen Zügen verbunden worden, so wie auch die »Gegenwehr« durch die plastische Chirurgie allem voran auf Frauen zielt. Vielleicht entsteht deshalb bei der operativen Umgestaltung eines Männergesichts so oft eine »feminine« Physiognomie – wenn auch, wie etwa im Fall des französischen Zwillingspaars Grichka und Igor Bogdanoff, die groteske Zuspitzung eines solchen. Die TV-Lieblinge, die ihre ursprünglich attraktiven Männergesichter in zahllosen Operationen in monströse Fratzen verwandeln ließen, leugneten diese Eingriffe gegen jede sichtbare Evidenz. Wie die beiden – angeblich von einer russischen Prinzessin abstammenden – Brüder ihre abenteuerliche Karriere auf der Scheinfabrikation einer exzeptionellen Laufbahn aus lauter Hirngespinsten aufbauen konnten, ist mindestens ebenso rätselhaft wie der obsessive Impuls, ihre Gesichter immer mehr zu entstellen. Ob die Operationen fehl liefen, oder ob die eineiigen Zwillinge ihre Gesichter operieren ließen, um sich voneinander zu unterscheiden, ist nicht überliefert. Die Vermutung liegt nahe, dass sie, genau wie Orlan, ihre fasziale ebenso wie ihre soziale Identität in eigene Regie bringen wollten. Nur der Tod, der die beiden Brüder kurz hintereinander traf, widersetzte sich diesem Wunsch. Sie starben 2021 kurz nacheinander an Covid 19.

»Ich bin meine eigene Tonerde, die ich immer wieder ummodelliere«, gab auch der britische

Pop-Sänger Pete Burns zu Protokoll.[4] Die Frau als Modell und Knetmasse, der Mann als Pygmalion und Gott, der zur Not auch sich selber zur Frau umformt – das ist die dem Schönheitszwang eingeschriebene Melodie. Die dem Optimierungsprozess innewohnende Dynamik des exzessiven Immer-mehr-und-immer-besser bewirkt freilich, dass viele mit dem Operieren gar nicht mehr aufhören können. Der Star der Band *Dead or Alive*, der nach über 300 Operationen wie die Karikatur eines Vamps mit Schlauchbootlippen und Baby-Doll-Visage aussah, bezahlte die Fabrikation seiner »weiblich« gestalteten Ideal-Persona zuletzt mit dem Leben. Er starb an den Folgen des durch die Operationen ausgelösten Medikamentenmissbrauchs. Seine eigentliche Sucht aber waren die Operationen selbst.

Man kann an diesen – gewiss extremen – Beispielen sehen, wie tief verankert die verzerrte Wahrnehmung des eigenen Angesichts häufig ist. Der gleichfalls an einer Überdosis von Medikamenten verstorbene Popstar Michael Jackson hat uns die Fratze dieses Wahns vielleicht am deutlichsten vorgeführt. Es half nichts, dass Jackson sich das Gesicht zur weißen Maske machen ließ: Man sah nur um so deutlicher, dass sich in diesem operativen Exzess die Ablehnung seiner schwarzen Identität

---

4  Uta Kornmeier: Operiertes Gesicht. In: Das Gesicht. Bilder, Medien, Formate. Herausgegeben von Sigrid Weigel für das Deutsche Hygiene Museum Dresden. Göttingen 2018, S. 95–99.

verbarg. »Big nose« soll ihn sein Vater genannt haben. So musste die Nase immer kleiner, die Haut noch weißer und das Haar immer glatter werden, bis Jacksons entstelltes Gesicht der Epoche des Immer-mehr den Spiegel und die Grenzen der Machbarkeit vorhielt.

### Das entstellte Gesicht

> Das Antlitz ist exponiert, bedroht, als würde es uns zu einem Akt der Gewalt einladen. Zugleich ist das Antlitz das, was uns verbietet, zu töten.
>
> *Emmanuel Levinas, »Ethik und Unendliches«*

Jacques Joseph, der Leiter der Abteilung für Gesichtschirurgie an der Berliner Charité, war einer der ersten, der Gesichtsoperationen aus rein ästhetischen Gründen durchführte. Joseph hatte es Anfang des 20. Jahrhunderts erstmals geschafft, Nasenkorrekturen ohne Narbenbildung zu absolvieren. Die Ursprünge der plastischen Chirurgie liegen freilich viel weiter zurück. Bereits im 15. und 16. Jahrhundert machten die ersten Gesichtschirurgen von sich reden. Heraus stach vor allem der italienische Arzt Gaspare Tagliacozzi, dem das Verdienst zukommt, sowohl die Prozedur als auch die dazugehörigen Instrumente in seiner 1597 erschienenen Monographie »De Curtorum Chirurgia per Insitionem Libri

40

Duo« en détail darzustellen. Es sei ihm darum ge-
gangen, schrieb er in seinem Vorwort, die durch
Verstümmelungen »weggenommenen Dinge soweit
wieder herzustellen, dass es einem Leidenden nicht
allzu schwer fällt, sich stimmungsmäßig über Was-
ser zu halten«.[5]

Die psychische Komponente war also von Anfang an ein wesentlicher Faktor in der Entwicklung
der Disziplin. Die breitere Akzeptanz der sogenannten Cinderella Surgery, also der vermeintlichen
Verwandlung vom Aschenputtel zur Prinzessin,
verdankt sich dem rasanten Fortschritt in der Gesichtschirurgie infolge der Gesichtsverstümmelun-
gen des Ersten Weltkriegs. Die Lazarette wurden
durch die Entdeckung neuer Betäubungsmittel zu
einem wahren Experimentierfeld für die bis dahin
noch kaum entwickelte Prozedur. Auch hier galt es
nicht allein, die lebenswichtigen Funktionen der
Gesichtsorgane zu rekonstruieren, sondern die zum
Teil entsetzlich entstellten Soldaten vor dem sozialen Tod zu retten. Ein Mensch ohne Arm oder Bein
kann sich des Mitgefühls seiner Umgebung sicher
sein. Ein zerstörtes Gesicht dagegen ruft Entsetzen
und Abscheu hervor.

14 Prozent der Soldaten, die lebend von den
Schlachtfeldern des Ersten Weltkriegs zurückkehr-
ten, hatten ganz oder teilweise weggeschossene
Gesichter. Die Betroffenen wurden vielfach – und

---

5  Jean Pierre Jenny, Neue Zürcher Zeitung, 17. Juli 2021.

oft mit nur mäßigem Erfolg – operiert. Für jene, denen niemand mehr helfen konnte, richtete die amerikanische Bildhauerin Anna Coleman Ladd im Jahr 1917 in Paris ein Studio für Gesichtsversehrte ein. Coleman Ladd fertigte hauchdünne Masken aus Kupfer, die mit Brillen und Bändern befestigt wurden und den entstellten Männern eine Art »Sichtschutz« gewährten. Die meisten Gesichtsverletzten des Ersten Weltkriegs wurden freilich in Heimen versteckt; ihr Anblick sollte verdrängt und die Kosten des Krieges vergessen werden. Erst der Friedensaktivist Ernst Friedrich Kuttner veröffentlichte zehn Jahre nach Kriegsende die Bilder von 25 Schwerverletzten in einem Buch, das Kurt Tucholsky zu den »fürchterlichsten Dokumenten« zählte, die ihm jemals unter die Augen gekommen seien.

Die versehrte Physiognomie flößt uns nicht zuletzt deshalb solch ein hilfloses Grauen ein, weil das Gesicht als Inbegriff der Person, genauer: als ihre »wahre« und wiedererkennbare Erscheinung gilt. Das Gesicht ist der Abglanz unserer sozialen Identität. Die Auslöschung derselben wird so zur vielleicht schlimmsten Form der Verletzung, die Menschen einander zufügen können – ein Umstand, der besonders in privaten Rachefeldzügen zum Tragen kommt. Die gezielte Gesichtsverletzung trifft dabei meistens Frauen, die sich der Männerherrschaft in repressiven patriarchalischen Gesellschaften zu widersetzen versuchen. Säureattentate werden zu

80 Prozent von Männern an Frauen begangen; man spricht deshalb auch von *gender based violence*. Doch nicht nur in islamistisch regierten Ländern wird diese archaische Form der Disziplinierung von eifersüchtigen Rächern verübt, die ihre unbotmäßigen Frauen fürs Leben brandmarken wollen. Ein berühmtes westliches Opfer gekränkter männlicher Eitelkeit ist die britische Moderatorin Katie Piper, die im Jahr 2008 das Gesichtsattentat ihres einstigen Liebhabers und anschließend 110 Operationen überstand. Das Ergebnis darf als ein Ausweis für die enorme Fortentwicklung der Gesichtschirurgie gelten, die an der armen Frau ein wahres Wunder vollbracht hat.

Die Wiederherstellung eines verletzten Gesichts ist überaus kompliziert, und die Möglichkeiten der Korrektur sind begrenzt. Denn das Gesicht ist der Ort, an dem visuelle, akustische, olfaktorische und taktile Reize zusammenlaufen. Seine Haut ist mit einem komplexen Nervensystem und sensorischen Rezeptoren versehen, die für Berührungen, Schmerz, Kälte- und Wärmeempfindung verantwortlich sind. Die weltweit erste Gesichtstransplantation – das heißt die Verpflanzung des Gesichtsgewebes eines Toten auf einen Lebenden – wurde im Jahr 2005 von französischen Ärzten durchgeführt. 2010 gelang es einem spanischen Ärzteteam erstmals, ein komplettes Gesicht zu ersetzen. In der viele Stunden dauernden Operation werden Haut, Muskeln, Knochen, Arterien und Blutgefäße eines

Organspenders transplantiert und vernäht. Diese hochkomplexe Operation wird auch deshalb selten in Angriff genommen, weil ihre lebenslangen medizinischen Konsequenzen gravierend sind. Überdies ist die Gefahr der Abstoßung des fremden Gesicht extrem hoch.

Ein neues Gesicht zu bekommen, bedeutet, noch einmal ganz von vorn anzufangen. Die Empfänger müssen sprechen und essen sowie die Beherrschung der Mimik von Grund auf neu lernen. Welche seelischen Folgen der Blick ins eigene fremde Gesicht hervorruft, lässt sich noch schwerer ermessen. Von der ersten Empfängerin eines fremden Gesichts, der Französin Isabelle Dinoire, ist überliefert, dass sie sich weigerte, die ursprünglichen Züge ihrer Spenderin anzusehen.

### Dreh dich (nicht) um – das abgewandte Gesicht

Von Samuel Beckett gibt es eine einfach nur »Film« überschriebene 20-minütige Szenenfolge, in der ein Mann sich plötzlich von allen Seiten angestarrt wähnt. In dem kargen Zimmer, das er mit Hund und Katze, Wellensittich und Goldfisch bewohnt, überfällt ihn der manische Zwang, alles, was Augen hat, oder auch nur eine augenähnliche Form, entfernen zu müssen. Katze und Hund, Wellensittich und Goldfisch werden hinauskomplimentiert, Bilder, Stuhllehnen oder Wandlöcher abgehängt. Doch es will ihm partout nicht gelingen, die augenförmige Welt aus dem Zimmer, oder besser: aus seinem Kopf zu vertreiben. Der Coup des Films aber besteht darin, dass man den Mann bis auf die letzte Einstellung nur von hinten sieht.

Dieser von Augen verfolgte Mann wird von Buster Keaton gespielt, was insofern der Ironie nicht entbehrt, als dessen abgewandtes Gesicht den meisten Zuschauern damals bekannt gewesen sein dürfte. Der 1965 gedrehte Film entwickelt eine klaustrophobische Komik des Angestarrtwerdens, der man sich vor allem deshalb nicht entziehen kann, weil die riesigen melancholischen Augen von Keaton selbst bis zum Schluss nicht gezeigt werden. Die Zuschauer aber haben die Augen, von denen er sich gesehen fühlt, stets im Visier. Ein Karussell der Blicke, das durch Keatons nicht gezeigtes Gesicht in Bewegung gehalten wird, kommt in Schwung.

Gesicht – »mittelhochdeutsch, althochdeutsch gesiht = das Sehen, Anblicken; Erscheinung, Anblick, Aussehen; Gesicht, zu sehen«, definiert das etymologische Lexikon und führt das Gesicht und das Sehen unmittelbar zusammen. Das altgriechische Wort *prosopon* bezeichnet das, »was man sehen kann«, das Gesicht, das Antlitz oder die sichtbare Gestalt des Menschen (πρόσωπον). Anders gesagt: Das Gesicht ist die Schnittstelle zwischen Ich und Umwelt, die Fläche, wo Sinne und Seele, Person und Persona, das Blicken und das Erblickte zusammentreffen. Das abgewandte Gesicht dagegen for-

45

dert zu Spekulationen auf. Es ist nicht so sehr eine leere Stelle als vielmehr eine Einladung, sich zur Silhouette des Kopfes eine passende Physiognomie vorzustellen. Dieser Vorgang ist intuitiv, ja zwingend, sind wir doch nicht in der Lage, uns einen Menschen ohne Antlitz zu denken. Das verweigerte Gesicht ist also in gewisser Weise eine sanftere Vorform des leeren Gesichts, welches den Schreckenskammern des Albtraums entspringt. Es stört die Erwartungsökonomie, die sich gern an Vertrautes hält.

Die Krise, in die das Gesicht im Übergang zur Moderne gerät, hat Rainer Maria Rilke in seinem 1910 erschienenen Großstadttoman »Malte Laurids Brigge« eindringlich dargestellt. Der durch die Straßen von Paris flanierende Held erlebt in den Menschenmassen der Metropole einen existentiellen Zusammenbruch, der durch die Verwechselbarkeit der vielen Gesichter ausgelöst wird. Es gebe eine Menge Menschen, aber noch mehr Gesichter, bemerkt der Flaneur. Denn ein jeder habe deren gleich mehrere. Diese Gesichter sind ihm nichts anderes als Masken, die sich im Laufe des Lebens abnutzen. Bis sie beim letzten Gesicht angekommen sind, »das am schnellsten durchlöchert ist«. Und da scheint dann »nach und nach die Unterlage heraus, das Nichtgesicht, und sie gehen damit herum«.[6]

---

6    Rilke, Rainer Maria: Die Aufzeichnungen des Malte Laurids Brigge. Frankfurt a. M. 1966, S. 112.

Diese Nichtgesichter verfolgen den jungen Mann als Horrorvision, in der das Gesicht am Ende nichts weiter als eine blutige Fläche, als wunder Kopf ohne Antlitz erscheint. Man könnte in dieser grässlichen Vorstellung schon die zerschossenen Gesichter des Ersten Weltkriegs erahnen. Auch die surrealen Bilder leerer Gesichtssilhouetten klingen hier bereits an: Magrittes von Äpfeln, Tauben und Tüchern verdeckte Physiognomien. Magritte hat auch diverse Rückenansichten gemalt. Der vielfach von hinten dargestellte Herr mit Hut und Anzug galt als eine Art anonymes Selbstporträt.

In der bildenden Kunst hat das abgewandte Gesicht nicht zuletzt deshalb einen speziellen Stellenwert, weil es die Phantasie zum »Selbermalen« anregt. Vor allem die Rückenansichten von Frauen sind ein beliebtes Sujet, dem ein sexuelles Versprechen innezuwohnen scheint. Das abgewandte Gesicht der Frau ist *in nuce* eine erotische Phantasie – Balthus hat dieses Motiv in seinen lasziven Mädchenbildern vielfältig dargestellt. Denn neben der Einladung, sich der Gestalt von hinten zu nähern, geht von der weiblichen Rückenansicht etwas Unschuldiges und gleichzeitig Verführerisches aus, das zur Überraschung, um nicht zu sagen: Überrumpelung einlädt. Sie ist wehrlos, sie hat den Betrachter nicht wahrgenommen – sonst hätte sie sich ja umgedreht.

Gleichzeitig hat die Rückenfigur, die meistens vor einer Aussicht dargestellt wird, uns etwas voraus: Sie gibt die Blickachse vor, wenigstens in der Malerei, wo sie oft von einem Fenster eingerahmt ist und damit die Perspektive nach draußen lenkt. Sie schenkt uns also den Blick durch ihre Augen. Zugleich sieht die Figur, die aus dem Fenster schaut, immer mehr als wir. Und sei es allein den Ausschnitt, den sie durch ihre Rückenansicht verstellt.

Bei Caspar David Friedrichs Rückenfiguren beispielsweise hat sich der Gedanke an das Gesicht ganz in den Blick auf den Horizont verlagert, man stellt sich zu den in die Aussicht versunkenen Männern und Frauen keine Gesichter mehr vor. Sie sind nämlich nicht so sehr Individuen als – meist bürgerliche – Vertreter der menschlichen Gattung, die sich nicht im Begehren, sondern in träumerischer Sehnsucht verlieren. Die Erotik ist hier kein Thema, anders als in den weiblichen Rückenakten von Friedrichs Zeitgenossen Jean-Auguste-Dominique Ingres, in dessen weiblichen Rückenfiguren die Tradition der Venusdarstellung von Velasquez, Tizian und Veronese fortlebt. Ingres' »Grande Odalisque« ist freilich nicht mehr – wie etwa Veroneses »Venus mit Spiegel« – ganz in den eigenen Anblick vertieft, so dass sie den Betrachter ungestraft zum Voyeur werden lässt. Die nackte Haremsdame wirft den Blick über die Schulter und ist sich der Wahrnehmung, die wir ihr schenken, durchaus bewusst. Vielleicht war ja dieser »schamlose« Blick – und nicht die seinerzeit scharf kritisierten unrealistischen Proportionen – der eigentliche Skandal für Ingres' Zeitgenossen.

So wie sich die bürgerliche Empörung über die nackte Kurtisane »Olympia« von Édouard Manet ein halbes Jahrhundert später in erster Linie an dem selbstbewussten Blick entzündete, mit dem sie dem Betrachter aus dem Bild heraus in die Augen schaut. Mit Schirmen und Spazierstöcken sind die Besucher des *Salon des Refusés* damals auf das Gemälde losgegangen.[7]

Wer uns den Rücken zukehrt, kann von uns überrascht werden, doch wenn er sich unvorbereitet umdreht, gilt auch der Umkehrschluss. Entspricht die Physiognomie unseren Erwartungen? Enthüllt sich, einer jugendlichen Silhouette zum Trotz, ein älteres Angesicht? Vieles ist möglich in dem Sekundenbruchteil, in dem jemand uns sein Gesicht zudreht: spontane Zuneigung, intuitive Abwehr, Neugier und Schrecken und mehr. Wenn wir einem fremden Gesicht erstmals begegnen, ist die ganze Palette unbewusster Erwartungsängste im Spiel. Wir wollen wissen, mit wem wir's zu tun haben. Oder wenigstens doch, ob die Person uns freundlich gesonnen ist. Das abgewandte Gesicht verweigert uns diesen Komfort. Es wirft uns auf uns selber zurück – und auf das Dilemma, dass wir nie wirklich wissen können, was sich hinter den attraktiven oder hässlichen Zügen eines Gesichtes verbirgt.

---

7   Köhler, Andrea: Scham. Vom Paradies zum Dschungelcamp. Springe 2017, S. 64 ff.

Eine andere Form des abgewandten Gesichts kommt mit dem Schlaf. Das schlafende Gesicht ist nahezu immer schön, es ist friedlich, entspannt und ganz bei sich. Dabei ist das Gesicht des Schlafenden nur für die anderen da und abwesend für sich selbst. Wo wir sind, wenn wir schlafen, ist ein Rätsel, das noch niemand aufgelöst hat. Das Gesicht des Schlafenden aber zeigt das Rätsel, das ein jeder für den anderen ist. Dergestalt erinnert es an das Totengesicht: Beide teilen das Paradox der anwesenden Abwesenheit. Wer schläft, weiß nicht, dass er gesehen wird; nur manchmal spürt er die Berührung durch Blicke wie einen Hauch. Aus dem Antlitz der Toten aber ist der Atem gewichen, der aus dem Traum noch zu uns herüberreicht. Das Totengesicht hat uns zurückgelassen. Es ist noch da, aber nicht mehr von dieser Welt.

# III
## Person und »persona« – das maskierte Gesicht

### Die Totenmaske

»Jedes Porträt ist eine Haltestelle für einen Gesichtszug«, bemerkt die Schriftstellerin Yoko Tawada und meint damit wohl, dass im Porträt nur ein einziger Ausdruck zum Stillstand kommt. Vielleicht ist das der Grund, weshalb Roland Barthes in jeder Photographie den Tod walten sah. Die Photographie konserviert einen Moment in der Gegenwart, der im nächsten Augenblick schon vergangen ist. Weil das Bild von der Zukunft des Aufgenommenen nichts weiß, schreibt Barthes in »Die helle Kammer«, seinen »Bemerkungen zur Photographie«, lauere in ihm schon die künftige Katastrophe: die Maske des Todes, die jeden ereilt.[1]

Auch aus dem Gesicht der Toten ist die Zeit gewichen, es ist vom Kampf gegen das Vergehen erlöst. Wohl deshalb erfreuten sich Totenmasken über viele Jahrhunderte großer Beliebtheit. Sie sind, mit Yoko Tawada zu sprechen, die Endstation. Das in Gips geformte Gesicht, das in Zeiten der Klassik

---

1 Barthes, Roland: Die helle Kammer. Bemerkungen zur Photographie. Frankfurt a. M. 1989.

gebräuchlich war, galt freilich nicht als das letzte, sondern als das *ideale* Gesicht – die Essenz einer Lebensleistung gewissermaßen. Nicht von ungefähr gab es Totenmasken fast nur von bedeutenden Männern. »Die sich emanzipierende Klasse des Bürgertums schuf sich mit Hilfe der Totenmasken ausgewählter historischer oder zeitgenössischer Personen eine eigene imaginäre Ahnenreihe, mit der sie ihre patriotisch-nationale sowie bildungsbürgerliche Position artikulierte«, bemerkt die Kunsthistorikerin Katharina Sykora in einem Essay zu dem Ausstellungskatalog »Das Gesicht«.[2] Diese Gesichtsabdrücke zu Ruhm gelangter Persönlichkeiten bildeten den Kern eines neuen bürgerlichen Pantheons, der bald in vielen öffentlichen Institutionen und privaten Wohnzimmern anzutreffen war und dem männlichen Selbstbildnis von erhabener Geistesgröße ikonographische Züge verlieh. Die bekannteste weibliche Totenmaske stammt dagegen von einer anonymen Selbstmörderin, deren in Gips gegossenes Mona-Lisa-Lächeln nicht von dieser Welt zu sein scheint. Man gab ihr den Namen »L'inconnue de la Seine«.

Die tote Unbekannte wurde die wohl sagenumwobenste weibliche Leiche der Weltgeschichte. Sie schmückte, in Form von Replikas, in der ersten

---

2 Sykora, Katharina: Totenmaske. In: Das Gesicht. Bilder, Medien, Formate. Herausgegeben von Sigrid Weigel für das Deutsche Hygiene Museum Dresden. Göttingen 2018, S. 160–165.

Hälfte des letzten Jahrhunderts die Ateliers der Bohème. Auch viele Schriftsteller, von Rainer Maria Rilke über Maurice Blanchot bis hin zu Max Frisch und Johannes Mario Simmel, ließen das »Lächeln jenseits des Schmerzes« (Aragon) in ihrem Werk auferstehen. Dieses Lächeln, das Erlösung im Jenseits verheißt, wäre in keinem anderen Gesicht so wirkungsvoll wie in dem einer jungen Frau; kein Jüngling, kein Kind und schon gar kein Greisinnengesicht hätte es je zu diesem Ruhm gebracht. Denn vermutlich war das Geheimnis, das man in diese Unbekannte hineinprojizierte, jener *dark continent,* den Freud seinerzeit zur *terra incognita* erklärte: »das Rätsel Weib«. Dieses Rätsel, das in endlosen Projektionen »dem schmerzlichen Rätsel des Todes« (Freud) in seiner Undurchschaubarkeit glich, dürfte nicht zuletzt dem Zwang zur weiblichen Verstellung entsprungen sein. Dabei waren Frauen stets zugleich Opfer und Komplizinnen eines Erwartungsdrucks, der ihnen die Maskerade befahl. Die Maskierung – sei es durch Schminke und modische Accessoires, sei es durch Heuchelei – hat zugleich die Sehnsucht nach dem ungeschminkten Selbst als Inbild von weiblicher Freiheit und Authentizität genährt. Eine Vorstellung von »Natürlichkeit«, die bis hin zum Feminismus der 1970er Jahre periodisch zum Ideal erkoren wurde.

Dieses Paradox ist alt. Eine Frau, die sich schminkt, solle dies »so mäßig und wenig tun, dass, wer sie sieht, im Zweifel ist, ob sie hergerichtet ist, oder nicht«, meinte der spanische Schriftsteller Baldassare Castiglione schon Anfang des 16. Jahrhunderts. Schließlich sei eine solcherart camouflierte Frau um Längen anmutiger als »eine andere, so bepflastert, dass sie sich eine Maske über das Gesicht gelegt zu haben scheint und nicht zu lachen wagt, um sie nicht reißen zu lassen«.[3] Da das Männergesicht dem moralisch getönten Gegensatz zwischen »natürlich« und »artifiziell« kaum ausgesetzt ist, wurde die Frage nach dem »wahren Gesicht« den Frauen allein überantwortet. Noch heute wird das ungeschminkte Frauengesicht als unverfälschtes Gegenbild zum Maskendrill gestylter Weiblichkeit in Stellung gebracht. Dabei meistern Frauen seit jeher das Kunststück, das Gesicht einerseits zu bearbeiten und diese Prozedur andererseits zu verbergen – ein Paradox, das in den Versprechungen der Schönheitschirurgie weiterlebt. Ist doch das erklärte Ziel, zumindest der seriöseren Anbieter von ästhetischer Chirurgie, der *natural look*. Natur ist, was man als Maske nicht auf Anhieb erkennt.

### Die theatralische Maske

Echt und unecht, falsch und authentisch sind die Gegensatzpaare, die heutzutage zur Maske gehören, dem Requisit, das traditionell mit dem Theater

---

3  Eco, Umberto: Die Geschichte der Schönheit. München 2004, S. 217.

verbunden war. Der Schauspieler, der in der An-
tike eine Maske aufsetzte, verkörperte mit diesem
Zweitgesicht eine fremde Identität. Die Maske auf
der antiken Bühne war nicht die Abbildung eines
wirklichen, sondern ein symbolisches Gesicht, ein
Gesicht, das eine Rolle repräsentierte. Dabei wirkte
die Maske in beide Richtungen – nach innen zum
Träger, der sich in die *persona*, die diese Maske darstellt, hineinversetzt, sowie nach außen zu dem, der
sie sieht und dieser Darstellung glaubt. Erst mit der
Neuzeit wurden die Masken von der Bühne verbannt und die Schauspieler zu Gesichtsdarstellern,
die ihre Rolle mimisch ausfüllen müssen. Das Gesicht wurde zur lebendigen Maske.[4]

Die Fähigkeit, mit dem eigenen Gesicht etwas
Fremdes darzustellen, ist freilich nicht aufs Theater
oder den Film beschränkt, sie gehört zur Reifung
unserer Persönlichkeit unweigerlich dazu. Die dafür notwendige Kunst der Schauspielerei kommt
ohne die Doppelmoral menschlicher Verhaltensre-
geln nicht aus. Schon als Kinder lernen wir, der
Umwelt ein Gesicht vorzuspielen, das dem eigenen Erleben nicht entspricht; zugleich wird uns die
Pflicht zur Ehrlichkeit eingebleut. »Ich sehe dir an
der Nase an, dass du etwas verschweigst!« heißt
es etwa – als wäre Verstellung (die dann »Beherrschung« genannt wird) nicht in anderen Situatio-

---

4  Belting, Hans: Faces. Eine Geschichte des Gesichts. München 2013, S. 63 ff.

nen erwünscht. Und zuletzt ist es diese Fähigkeit, mit der wir durchs Leben kommen: das Geschick, situationsgerecht etwas zu verschweigen, ohne dass uns unsere Mimik verrät.

## Intermezzo

*Vor einiger Zeit habe ich drei Monate in London verbracht, in einer Gegend, die von Immigranten aus Bangladesch bewohnt wird. Das Straßenbild war von arabischen Imbissbuden, einem orientalischen Markt und vollverschleierten Frauen geprägt. Es war mir ein Rätsel, wie diese Frauen Auto fuhren, ihre Brillen befestigten und sich die Nase putzten. Und wie sie kommunizierten. Mehr noch: Die versteckten Gesichter weckten in mir ein Unbehagen. Ich fühlte mich mit meinem nackten Gesicht in der Minderheit – ausgesetzt, angreifbar, fremd. Die Vollverschleierung wird gemeinhin als Zeichen der Unterdrückung der Frau angesehen, ich aber empfand die gesichtslose Menge als mächtig. Die vielen verhüllten Gesichter und der damit einhergehende Verlust der Interaktion kamen einer Auslöschung gleich – in diesem Fall nicht so sehr der Individualität der muslimischen Frauen als meiner eigenen. Der fehlende mimische Austausch gab mir das Gefühl, ein Gespenst zu sein.*

*Diese Situation kam mir wieder in den Sinn, als ich im Zuge der Corona-Pandemie das erste Mal einen Mund-Nasen-Schutz aufsetzte. Zu meiner Überraschung fühlte ich mich hinter der medizinischen Maske anfangs genauso verunsichert wie bei der Konfrontation*

*mit einem maskierten Gesicht. Im Gespräch mit anderen,
vor allem mit jenen, die keinen Mundschutz trugen, lief
ständig ein zweiter Film: Würde mein Gegenüber mein
Mienenspiel auch ohne die Ansicht der Mund- und Nasenpartie richtig deuten können? In gewisser Weise hatte
ich das Gefühl, in einer Fremdsprache unterwegs zu sein.
Dann aber erinnerte ich eine Begegnung in einem Lon-
doner Supermarkt, bei der mir eine verschleierte Frau
direkt in die Augen sah. Es war ein Blick-Funken, der
übersprang, und ich merkte plötzlich ganz unmittelbar,
dass das, was sich zwischen Gesichtern abspielt, aus vielen Appellen besteht. Auch wenn es halb verborgen ist,
suchen wir nach dem Entgegenkommen im fremden Gesicht. Und vielleicht ist es ja kein Zufall, dass in Zeiten, in
denen zwischen Selfie und Selbst, Gesichtern und* digital
faces *nur noch ein gradueller Unterschied zu existieren
scheint, eine primitive Mund-Nasen-Maske uns dazu
zwingt, den Gesichtsausdruck unseres Gegenübers aufs
neue buchstabieren zu lernen wie einst als Kind.*

## Gesichtshalbierung – die medizinische Maske

46 Muskeln hat das Gesicht – sie sind der Motor, der
unsere Mimik permanent in Bewegung hält. Win-
zige Augenblicke, in denen wir uns der Wirkung
unseres Gesichts auf den anderen innewerden, skan-
dieren die Dynamik der Interaktion. Diese ganzheit-
liche Form der Gesichtswahrnehmung wird durch
die medizinische Maske, die den mimisch beweg-
lichsten Teil unseres Gesichtes verbirgt, empfind-

lich gestört. Um diesen Mangel auszugleichen, neigen wir dann dazu, die halb versteckten Gesichter in der Vorstellung zu ergänzen, wobei unser Gehirn unwillkürlich eine Art »ideales« oder zumindest proportionales Gesicht entwirft. In Wahrheit sind nicht nur die linke und die rechte Gesichtshälfte bei jedem Menschen unterschiedlich gebildet, auch Stirn- und Mundpartie passen häufig nicht recht zusammen. Und so passiert es, dass die Entblößung der Mund- und Nasenpartie zuweilen ein ganz anderes Gesicht zum Vorschein bringt als gedacht.

Die Verbindung von Maske und Medizin, Seuche und Schutz davor, ist historisch gesehen relativ neu. Die längste Zeit war das Verbergen der Sinn und Zweck einer Maske. Der Maskierte versteckt von alters her sein Gesicht, um im Schutz der Anonymität Grenzen zu überschreiten und dabei keine Spuren zu hinterlassen. Denn die Maske suspendiert unsere soziale Identität, ob im Karneval oder im Aufstand gegen die Staatsgewalt. Erst im 17. Jahrhundert wurde die Pestarztmaske zu einer Berufsbekleidung und zugleich zum Symbol einer existenziellen Bedrohung. Dass der schwarze Vogelschnabel heute als berühmtestes Accessoire des venezianischen Karnevals gilt, verrät etwas über die geheime Verwandtschaft von Orgie und Seuche: Beide kommen erst in der Übertragung zum Zug.

Gleichzeitig hat die Pandemie die Explosivität jeder Gesichtspolitik zum Vorschein gebracht. Das Verhüllen des Gesichts rüttelt an den Grundfesten unseres Freiheitsverständnisses. Es etabliert eine Atmosphäre des totalen Verdachts. »Was ist das für eine Gesellschaft, in der mit dem Gesicht die Sichtbarkeit verschwindet und im Namen der Sicherheit Verunsicherung betrieben wird?« fragte etwa Peter Weibel in der »Neuen Zürcher Zeitung«[5]. Mit dem staatlich verordneten Gesichtsverlust durch die medizinische Maske sah der Medientheoretiker schon »die Nacht des Gesichts« auf uns herabsinken. In einem Essay über den deutschen Künstler Jürgen Klauke, der seit dem Terroranschlag bei den Olympischen Spielen in München 1972 vermummte Gesichter aus der Zeitung gesammelt und in der Arbeit »Antlitze 1972–2000« zu einem 96-teiligen Fototableau zusammengestellt hat, bemerkt Weibel, Klauke habe mit seinem mumifizierten Gesichtskatalog die »Totenmasken der heutigen Gesellschaft« ins Bild gebracht. Dass Klaukes großformatige Arbeit mit den zur Unkenntlichkeit maskierten Terroristenköpfen ein Jahr vor dem Attentat auf das World Trade Center fertiggestellt wurde, gibt ihr zudem den Nimbus einer Vision, die sich bis heute nicht aufgebraucht hat. Nur dass die globale Bedrohung, die kein Gesicht mehr aufzuweisen hat, inzwischen weit abstraktere Formen angenommen hat. Es entbehrt daher nicht einer gewissen Ironie, dass mit dem von höchster Stelle

---

5   Weibel, Peter: Das menschliche Gesicht ist in der Krise. NZZ, 15. August 2021.

verordneten Mummenschanz ausgerechnet die Rüstung der Randalierer, Räuber und Terroristen zum Requisit des Gehorsams gegenüber dem Staat avanciert ist.

## Das *Zoom*-Gesicht

Unser genuiner Gesichtssinn hat während der Pandemie nicht allein durch die Mund- Nasen-Masken eine Verunsicherung erfahren. Auch die Explosion von virtuellen Begegnungsformen wie Videokonferenzen und Bildschirm-Meetings sorgte für Irritation. Die weitgehende Beschränkung auf Treffen im virtuellen Raum hat nämlich deutlich gemacht, wie störanfällig die digitale Interaktion zwischen Menschen ist. Die Wahrnehmung von realen Gesichtern verläuft synchron, diejenige zwischen Bildschirmkonterfeien zeitversetzt. Was in der Wirklichkeit in Sekundenbruchteilen und weitgehend unbemerkt vor sich geht – das Feuerwerk neuronaler Prozesse bei der Wahrnehmung winziger mimischer Reaktionen –, wird am Bildschirm verzögert und ausgebremst. Die spontane Mimikry, die jede Konversation in Kern bestimmt, ist aus dem Lot. Schon nach kurzer Zeit hatte sich der Begriff *zoom fatigue* breitgemacht.

Diese asynchrone Dynamik ist freilich nur einer der Gründe, weshalb virtuelle Treffen oft so auslaugend sind. Wir sind es nicht gewohnt, einander permanent ins Gesicht zu starren. Zudem ist man in solchen oft Stunden dauernden Arrangements unentwegt mit dem eigenen Gesicht konfrontiert. Fremd schaut es uns, perspektivisch verzerrt und unvorteilhaft ausgeleuchtet, vom Bildschirm aus an. Da hilft es wenig, wenn man um die entstellende Wirkung der Aufnahmetechnologie beim *Zoomen* weiß. Laut einer Untersuchung der Zeitschrift »Facial Plastic Surgery & Aesthetic Medicine« aus dem Jahr 2020 war die Nähe zum eigenen Doppelkinn (oder welcher Makel auch immer sich auf dem Bildschirm unbarmherzig entgegenreckte) für viele so unerfreulich, dass die Zahl der gesichtschirurgischen Eingriffe während der Pandemie um 57 Prozent stieg. Wenigstens war der Mund-Nasen-Schutz während des Heilungsprozesses ein praktisches Requisit.

# IV
# Eindruck und Ausdruck

## Intermezzo

*Der Spiegel ist der bevorzugte Ort für die Zwiesprache mit sich selbst. Wer aber schaut in den Spiegel hinein, wer alles schaut heraus? All die Blicke und Stimmen, die unsere Wahrnehmung modelliert haben, formen an unserem Spiegelbild mit. Neben der schnellen Kontrolle, ob die Frisur und der Gesichtsausdruck richtig sitzen, ist es auch der unverwüstliche Wunsch, sich einmal mit den Augen eines anderen sehen zu können, der uns vor den Spiegel treibt. Jedes Selbstgespräch – und was ist der Blick in den Spiegel anderes – sucht zuletzt einen Ausweg aus der Umfriedung des eigenen Ich. Der Spiegel befeuert und enttäuscht diesen Wunsch: endlich befreit zu sein von all den fremden Stimmen und Blicken, die unser Selbstbild herumkommandieren.*

## Wie – *so* sehe ich aus? Vorm Spiegel

»Spieglein, Spieglein an der Wand ... wer ist die Schönste im ganzen Land?« Die böse Königin in Grimms Märchen hatte die beneidenswerte Gabe, sich selber beim Blick in den Spiegel als schön wahrzunehmen – zumindest, bis eine Jüngere sie ausstach. Solche viel Selbstbewusstsein voraussetzende Fähigkeit ist wahrlich nicht vielen eigen; die meisten Menschen nehmen die Reflexion des eigenen Gesichts eher kritisch in Augenschein. Nicht umsonst ist die Akzeptanz gegenüber dem eigenen Spiegelbild ein gängiger Topos von Therapien und kosmetischem Marketing. Die meisten müssen erst einmal ein stattliches Arsenal an mäkelnden inneren Stimmen übertönen, um mit dem eigenen Gesicht klarzukommen.[1] So neigt der Mensch in seiner nie zur Ruhe kommenden Eitelkeit dazu, sich im

---

[1] Wie sehr die Ambivalenz gegenüber den eigenen Zügen den Blick in den Spiegel prägt, kann man auch in dem Buch »Sich sehen« nachlesen, für das die Journalistinnen Luzia Braun und Ursula März diversen Persönlichkeiten des öffentlichen Lebens einen Spiegel vorgehalten und diese gebeten haben, zu schildern, was sie dort sehen.

Spiegel auf unliebsame Details einzuschießen, eine etwas zu scharf gebogene Nase etwa, einen etwas zu klein geratenen Mund oder ein fliehendes Kinn. Es ist dies freilich eine Fixierung, die dem realistischen Blick von außen häufig nicht standhalten kann. Ist doch die Wahrnehmung von Gesichtern gemeinhin ein ganzheitlicher Prozess, weshalb die selbstkritische Beurteilung einzelner Makel von dem Befund anderer deutlich abweichen kann.

Nimmt die Obsession mit einem minimalen oder auch imaginierten Defekt im eigenen Angesicht überhand, spricht man von einer »körperdysmorphen Störung«. Es ist dies eine Gesichtswahrnehmung, die von zwanghaften Kontrollmechanismen vorm Spiegel begleitet wird, und die, wie der englische Schönheitschirurg Steven Harris feststellte, unter seinen Kollegen fast doppelt so oft vorkommt wie unter deren Patienten. Diese *Déformation professionelle* seiner Zunft, so Harris, führe dazu, dass der ästhetischen Chirurgie sukzessive jeder Bezug zur realistischen Physiognomie abhanden komme – ein Verlust, der allerdings zunehmend breitere Bevölkerungsschichten ereilt. Unter dem wachsenden Einfluss von jugendlichen Influencerinnen hat sich das Schönheitsideal selbst der Jüngsten zu einem sexualisierten Image verzerrt, in dem ein grotesk aufgeblasener Schmollmund, falsche Wimpern und hochgepolsterte Wangenknochen jeden individuellen Zug auslöschen. Es scheint, dass immer jüngere Frauen aussehen wollen wie jede andere auch.

Auf der anderen Seite gehört die Differenz zwischen innerem Selbstbild und äußerer Erscheinung, die mit dem Älterwerden einhergeht, zu den schmerzhaftesten Erkenntnisprozessen, die der Spiegel für uns aufbewahrt wie ein lange verheimlichtes Wissen, das eine böse Macht schließlich enthüllt. Je älter wir werden, desto öfter kann es passieren, dass der unvermutete Anblick im Spiegel uns mit einer scheinbar fremden Person überrascht. Doch auch ohne das wenig erbauliche Eingeständnis, das uns die Irreversibilität des Verfalls abverlangt, haftet der Diskrepanz zwischen Selbst- und Spiegelbild eine Art heiliger Schrecken an. Im Spiegel erfahren wir nicht nur, wie andere uns sehen könnten, sondern auch, dass sie etwas erblicken, was wir selber nicht kennen. Daher der Schock, wenn man sich in einer reflektierenden Fläche ertappt, ohne das Gesicht für diesen Anblick in Stellung gebracht zu haben. Im spiegelnden Glas kommt uns jemand entgegen, den wir auf Anhieb fast nicht erkannt hätten – und mit dieser Erscheinung die Frage: »Wie? *So* sehe ich aus?«

Unvorteilhafte Photographien können dieses Unbehagen natürlich genauso wachrufen, doch nur im Spiegel ist die Begegnung mit dem blinden Flecken, der unser eigenes Gesicht für uns selber ist, so unmittelbar. Dabei führt die Diskrepanz zwischen Selbst- und Spiegelbild oft zu dem Impuls, das reflektierte Abbild in eigene Regie zu bringen – etwa indem man sich mit Grimassen von seinem Gesicht distanziert. Das Zusammenbringen von Selbst- und gespiegeltem Abbild gilt als wichtiger Schritt im individuellen Entwicklungsprozess. Das sogenannte Spiegelstadium bezeichnet den Moment, in dem das Kleinkind erstmals in der Lage ist, sich selbst in einer reflektierenden Fläche zu identifizieren; es ist ein Anblick, den das Kind gemeinhin mit Jubel und Schrecken zugleich begrüßt. Diese ambivalente Reaktion, die der Psychoanalytiker Jacques Lacan in seinem berühmten Aufsatz »Le stade du miroir« (1936) beschrieben hat[2], tritt zwischen dem 6. und 18. Monat auf; es ist vielleicht der erste Schritt im Drama der menschlichen Bewusstwerdung überhaupt. Von da an wird das Hin und Her zwischen Selbstliebe und Selbstbeschimpfung beim Anblick des eigenen Angesichts unser Lebensbegleiter sein.

### Das Gesicht der leidenden Kreatur

> Im Gesicht hatte sie, wie ich zuerst nur partienweise sah, so tiefe Falten, dass ich an das verständnislose Staunen dachte, mit welchem Tiere solche Menschengesichter anschauen müssten.
>
> *Franz Kafka, »Tagebücher«*

Historisch gesehen ist der Umstand, dass der Mensch mit seinem eigenen Gesicht konfrontiert wird, rela-

---

2   Lacan, Jacques: Le stade du miroir (1936). In: Schriften I. Weinheim/Berlin 1986, S. 61–70.

tiv neu. Zwar gab es bereits im alten Ägypten Spiegel aus Bronze oder poliertem Kupfer; auch in Mesopotamien wurden seit der Zeit um 3000 v. Chr. Bronzespiegel benutzt. Die ersten Spiegel aus Glas finden im Jahr 77 n. Chr. Erwähnung, in Plinius' »Historia naturalis«. Doch bis in die Neuzeit waren Spiegel eher rare Objekte, die nur wenigen Privilegierten zugänglich waren. Glasspiegel, wie wir sie heute benutzen, kamen um 1500 auf; in Umlauf für eine breitere Masse gerieten sie aber erst im 19. Jahrhundert. Natürlich gab es schon immer Gewässer, in denen der Mensch sich widergespiegelt sah. Doch der Selbstbezug, der sich heute vorm Spiegel einstellt – das Wissen, mit diesem einen Gesicht geboren (oder geschlagen) zu sein –, ist eine vergleichsweise neue Erfahrung.

Die längste Zeit galt die Fähigkeit, sein eigenes Gesicht im Spiegel wiederzuerkennen, als ausschließlich menschliche Gabe. Doch haben Experimente mit Tieren auch diese Überlegenheitsillusion der humanen Spezies weitgehend widerlegt. Demnach sind nicht allein Schimpansen, sondern auch Elstern, Pferde oder Delphine durchaus in der Lage, sich selber im Spiegel zu sehen. Affen, denen man unter Betäubung einen roten Punkt ins Gesicht gemalt hatte, begannen vorm Spiegel sofort damit, den störenden Fleck zu bearbeiten. Um dies tun zu können, mussten sie das Gesicht im Spiegel als das eigene erkannt haben. Allerdings waren nur jene Affen zu dieser Erkenntnis imstande, die zuvor

68

Umgang mit ihresgleichen gehabt hatten. Anders gesagt: Erst die soziale Interaktion, also der erkennende Blick eines anderen, befähigt ein Wesen dazu, sein Spiegelbild als das eigene zu identifizieren.

Schon immer aber haben die Menschen sich in den Tieren gespiegelt. Und was sehen wir, wenn wir einem Tier ins Gesicht schauen? Wohl erst einmal das, was uns mit ihm am meisten verbindet: die physiognomische Ähnlichkeit, die nicht zuletzt von der Frontstellung der Augen bei vielen Säugetieren herrührt. Doch während zwischen Menschengesichtern stets auch die Sprache vermittelt (und verbinden kann), ist der kommunikative Austausch zwischen Menschen- und Tiergesichtern hauptsächlich auf die Augen beschränkt. Augen verleiten zu Projektionen – zum Beispiel zu der Vermutung, dass Tiere ähnlich empfinden wie wir. Aller anthropozentrischen Phantasien ungeachtet aber bleibt beim Blickwechsel mit dem Tier eine Wand aus Unsicherheit bestehen. Ist es uns freundlich gesinnt? Ist es misstrauisch oder feindselig? Hat es Angst? Dabei fragen wir uns, was umgekehrt wohl die Tiere sehen, wenn sie *uns* anschauen. Denn dass sie uns anders ansehen als ihresgleichen, scheint uns, wenn nicht gewiss, so doch naheliegend. Vielleicht auch deshalb, weil der Mensch sich selber gerne als etwas Besseres wähnt.

Natürlich können wir auch bei fremden Menschen nicht wirklich wissen, was wir sehen, wenn wir ihnen in die Augen schauen. Die Projektion, die im Tausch der Blicke stets eine Rolle spielt, ist hier jedoch – anders als bei den Tieren – nachprüfbar. Denn der Gesichtsausdruck des Menschen ist ebenso wie der Ausdruck der Augen immer schon ein durch die Sprache vermittelter. Jemand »schaut so oder so« und kann dies bestätigen oder verneinen. Zwar legen wir die Art und Weise, wie das Tier schaut, ebenfalls sprachlich aus, etwa indem wir sagen, der ungehorsame Hund sehe uns an, als habe er »ein schlechtes Gewissen«. Allerdings hat noch kein Tier auf die Frage, ob es schuldig sei, mit dem Kopf genickt. Wohl deshalb ruft die Behauptung, dass ein Hund schuldbewusst dreinblicken kann, stets aufs neue leidenschaftliche Diskussionen unter Hundehaltern hervor. Der Forschung zufolge ist der spezifische Hundeblick, der den Besitzern Zerknirschung signalisiert, eher so etwas wie Angst. Oder, wie die 2009 erschienene Studie »Disambiguating the ›guilty look‹«[3] der Kognitionswissenschaftlerin Alexandra Horowitz herausfand, die anthropomorph interpretierte Reaktion des Hundes auf das Schimpfen seiner Besitzer.

Die Menschengesichtsähnlichkeit von Hundephysiognomien haben viele Karikaturisten mit einiger Komik ins Bild gesetzt. In einer Studie aus dem Jahr 2019, in der die Mimik von Hunden anhand der

---

3 Horowitz, Alexandra: Disambiguating the »guilty look«. https://www.sciencedirect.com/science/article/abs/pii/S0376635709001004

Gesichtsmuskulatur untersucht wurde, stellten die Forscher fest, dass Tierheimhunde, die die Augenbrauen zusammenziehen, eher adoptiert werden als andere Artgenossen. Dieses Mienenspiel, das einem traurigen Gesichtsausdruck beim Menschen ähnelt, gibt dem berühmten Hundeblick seinen besonderen Schmelz. Ein Forschungsprojekt der tiermedizinischen Universität Wien will herausgefunden haben, dass Hunde verstehen, welche Emotionen sich im Gesicht eines Menschen abspielen. Umgekehrt hat die Evolution, während derer sich »der beste Freund des Menschen« dessen Erwartungen womöglich auch physiognomisch angepasst hat, die gesteigerte Gesichtsempfänglichkeit gegenüber Vierbeinern in unserer Spezies implantiert. Gesichtern, egal ob nackt oder behaart, können wir nicht widerstehen.

# V

## Von der Ikone zum Image –
## das Gesicht in Malerei,
## Photographie und Film

### Das bist du! Das Photographiergesicht

»Mein eigenes Gesicht kann und kann ich nicht
photographieren lassen, der Widerwille ist gar zu
groß, ich weiß nicht warum«, schrieb Jacob Burck-
hardt im Jahr 1864 an einen Freund. Damit stünde
er heute ziemlich allein. Doch noch immer lassen
manche Menschen sich nicht gerne photographieren. Eine unwillkürliche Befangenheit überfällt sie,
eine altmodische Scheu. Einerseits ist da die Angst,
nicht »gut auszusehen«. Aber das allein ist es meist
nicht. Es ist der Moment des Stillgestelltwerdens,
das Erstarren im Bild, das Beklemmung auslöst.

Berichte von Forschungsreisenden des 19. und
frühen 20. Jahrhunderts halten fest, dass die indige-
nen Völker Afrikas, Asiens oder Amerikas glaubten,
der Photoapparat würde das Gesicht und damit die
Seele rauben – eine Furcht, die die Missionare und
andere Vertreter der westlichen Kolonialmächte
weidlich nutzten, um sich mit der Aura magischer
Macht auszustatten. So kurios diese Idee heute
auch klingen mag: Sie rührt an die unhintergeh-

bare Tatsache, dass unser Gesicht sich im Moment der Ablichtung unserer Verfügungsgewalt entzieht. Zwar gibt es nicht wenige Menschen, die die Fähigkeit haben, auf einer Photographie stets das passende Gesicht zu machen. Es gelingt ihnen mühelos, die Arretierung der Gesichtszüge, die sonst erst die Photographie vornimmt, in eigene Regie zu nehmen. Auch scheint die Scheu vor dem Photographiertwerden seit der Möglichkeit von *Photoshop* und *Facetuning* einem deutlich entspannteren Verhältnis zum eigenen Abbild gewichen zu sein. Gleichzeitig lässt sich feststellen, dass die steile Karriere des Selfies mit einer Fülle an Fratzen einherging. So ganz scheint man der Ablichtung des eigenen Gesichts noch immer nicht zu trauen.

Bevor die Selfie-Manie den Jux beim Photographieren zu einem wesentlichen Aspekt der Bildkultur machte, provozierte ausgerechnet die Formatierung des Gesichts im Passbilderautomaten die anarchistische Spontaneität. So ließ sich der anmaßende Vorschriftenkatalog der Bürokratie – Lachen verboten, gedrehter oder geneigter Kopf, Halstuch, Schmuck oder verdeckte Ohren untersagt – gegen den Strich bürsten. Es galt, die berüchtigte Unvorteilhaftigkeit der Automatenbilder, die nicht von ungefähr Polizeifotos glichen, spielerisch zu überbieten. Inzwischen ist die Normierung der Passbilder den Diktaten der Biometrie unterworfen und damit alles Private, Idiosynkratische und Zufällige ausgeschlossen.

74

Das Passfoto ist die visuelle Signatur unserer amt-lichen Identität; es soll den Umstand, dass Auf-nahme und Dokumenteninhaber identisch sind, bescheinigen. Dabei hatte der Beweischarakter die-ser Art Photographie immer schon eine problema-tische Note. Denn die Zeit und ihre Eigenschaft, im Gesicht Spuren zu hinterlassen, machen auch vor der behördlichen Beglaubigungspflicht nicht halt: In den zehn Jahren, die ein Identitätsausweis gemeinhin gültig ist, kann sich in der menschlichen Physio-gnomie einiges tun.

Manche Fahndungsfotos, wie die berüchtigten Schwarzweißporträts von Mitgliedern der »Baa-der-Meinhof-Bande«, sind in die kollektive Erin-nerung eingegangen und haben die Hinterfragung polizeilicher Bildgebungskonventionen durch die Kunst provoziert. Gerhard Richter etwa hat die 15 Grisaille-Bilder seines berühmten RAF-Zyklus »18. Oktober 1977« in Anlehnung an Polizei- und Fahndungsfotos gemalt. Kaum ein zeitgenössisches Kunstwerk ist international so heftig diskutiert wor-den wie dieser Zyklus zum Tod von drei RAF-Mit-gliedern in der Haftanstalt Stuttgart-Stammheim – vielleicht, weil Richters verwischte schwarzweiße Bilder den Eindruck erwecken, es handele sich um nicht richtig zu Ende entwickelte Photographien. Es ist, als ob die Serie in eine Grauzone von Ver-mutungen über die Todesursache führt, die die ver-meintliche Eindeutigkeit der Photographie unter-höhlt.

*Duccio di Buoninsegnas »Madonna mit Kind« gilt als das erste Gemälde, auf dem das Jesuskind seine Mutter anschaut. Dabei guckt sie selbst so traurig in innere Fernen, als nähme sie alles kommende Leid schon vorweg. Mit einer zärtlichen Geste schiebt der kleine Knabe Marias Kopfbedeckung zurück, neugierig und tröstend zugleich. Und sacht, die sorgende Geste mit Nachdruck versehend, berührt sein winziger Fuß ihre unwirklich lange, kupferfarbene Hand.*

*Solche Innigkeit war in den ersten christlichen Jahrhunderten nicht vorgesehen. Mit einer intimen Bewegung wischt Duccios Christuskind das ganze streng regulierte System der bis dahin geltenden Formensprache mit ihren strikten Haltungs-, Kleidungs- und Farbvorschriften beiseite. Die Marien-Darstellungen hatten sich nach dem Kanon der frühchristlich-byzantinischen Ikonographie zu richten. Um 1300 gemalt, ist Duccios »Madonna mit Kind« somit eines der ersten Bilder in der Geschichte der Malerei, das mit naturalistischen Elementen um die Aufmerksamkeit des Betrachters buhlt – ein Meisterstück melancholischer Anmut, mit dem der Maler die Beziehung zwischen Gottesmutter und Jesuskind humanisiert. Hier durchbricht einer zum ersten Mal die starren Archetypen und zeigt, was Christus zum Menschen macht: das fasziale Drama der Zugewandtheit. Die Madonna schaut zwar noch halb aus dem Bild, doch der kleine Jesus hängt an Marias Gesicht. Gottes Sohn wird in diesem Bild zu Marias leiblichem Kind.*

## Ecce homo – das Ebenbild Gottes

»Das menschliche Gesicht ist das Ebenbild Gottes«, schrieb der Schweizer Kulturphilosoph Max Picard in seinen Reflexionen über »Das Menschengesicht« (1930). Diese Behauptung geht über die biblische Gottesebenbildlichkeit, die sich auf seelische und nicht auf physiognomische Qualitäten bezieht, hinaus. Wie aber sieht Gottes Gesicht denn eigentlich aus? Anders gefragt: Welches Antlitz verbirgt sich vor uns mit dem Bilderverbot? Und warum dürfen wir uns vom alttestamentlichen Gott keine Vorstellung machen? Ist sein Anblick, wie der des Gorgonenhaupts, für uns Menschenkinder zu viel? Oder käme uns gar die Furcht vor dem Herrn abhanden, würden wir sein Gesicht kennen?

Das Bilderverbot ist eine Erfindung der monotheistischen Religionen, allem voran des Judentums, das die Abbildung Gottes im Ersten Gebot untersagt. Als Moses Gott auf dem Berg Sinai darum bittet, seine »Herrlichkeit« sehen zu dürfen, antwortet Jahwe: »Du kannst mein Angesicht nicht sehen, denn kein Mensch kann mich sehen und am Leben bleiben« (2. Mose 33). Erst der Mensch gewordene Gott des Christentums hat ein Gesicht, und es wird seit Jahrtausenden auch gezeigt. Albrecht Dürer etwa hat das Antlitz Christi oft gemalt. Auch auf dem berühmten Münchner »Selbstbildnis im Pelzrock« von 1500 schaut uns der Maler als eine Art Wiedergänger von Christus an. Das

Bild ist das einzige der Dürerschen Selbstporträts, das nicht im Dreiviertelprofil, sondern in symmetrischer Vorderansicht dargestellt ist – eine *Imitatio Christi*, bei der uns der Künstler mit Jesu Augen anblickt.

Kunsthistorisch ist der Blick des Porträtierten, der den Betrachter trifft, eine Folge der Frontalstellung des Gesichts, die genealogisch auf die Ikone zurückgeht. Davor waren Gesichter, besonders auf Münzen, meist im Profil dargestellt. Erst die religiöse Ikone zeigte das Gesicht von vorn. Doch auf den frühen Ikonen wartet Christi Blick noch nicht auf Erwiderung, er ist monologisch, jenseitig, stillgestellt. Vor der religiösen Ikone blieben wir »immer Geschöpf, das von seinem Schöpfer angeblickt wird«, bemerkt der Kunsthistoriker Hans Belting in »Faces«, seiner großen Kulturgeschichte des Gesichts.[1] Erst der dialogische Blick beglaubigte die Präsenz des humanen Gesichts, dessen Augen in einen Austausch mit dem Betrachter treten. Es ist dieser Wechselblick, der Jesus als einen Menschen identifiziert, der genauso schaut wie der Betrachter selbst. Das Gesicht des Gekreuzigten wurde dabei von Anfang an mit leicht femininen Zügen versehen: Mit sanften Augen, umrahmt von langen Haaren und Bart, protestiert Christi Antlitz gegen alle Masken und jeden Pomp. Insofern gehorcht das Bild-

---

1  Belting, Hans, a. a. O., S. 152.

nis des Mensch gewordenen Gottes von Anfang an einer dem weltlichen Machttheater entgegengesetzten Ikonographie.

Der Wandel vom heiligen Antlitz zum innerweltlichen Gesicht, von der Ikone zum Porträt, vollzog sich in der frühen Neuzeit. Den weltlichen Porträts, deren Blütezeit vom Ende des 15. bis Anfang des 20. Jahrhunderts reichte, waren die offiziellen Machtposen immer schon eingeschrieben. Sie stellten Personen dar, die nur durch ihren gesellschaftlichen Rang aufs Bild gelangt sind; gezeigt wurde nicht die Persönlichkeit, sondern ihre herausgehobene Position im hierarchischen Gefüge. Diese Maskenhaftigkeit zu demontieren, die Person – oder auch das nackte Menschengesicht – aus dem Käfig der Rollen hervorzuholen, wurde zu einem zentralen Anliegen der modernen Kunst. So nahm Francis Bacon Velazquez' Bildnis von Papst Innozenz X zum Ausgangspunkt für eine radikale Befreiung des menschlichen Angesichts von der Larve der Repräsentation.[2] Indem er dem Gesicht des einstigen obersten Kirchenvertreters die Qual des Menschen einschrieb, attackierte Bacon Anfang der 1950er Jahre das zur Attrappe erstarrte offizielle Gesicht des Würdenträgers – und mit ihm die Tradition der Porträtmalerei überhaupt. Es war der Anfang einer jahrzehntelangen Auseinandersetzung mit dem ge-

2  Ebd., S. 187.

malten menschlichen Antlitz, dem Bacon durch die Darstellung großer Pein eine unmittelbare fleischliche Präsenz zurückgeben wollte.

## Porträt und Palimpsest

Nirgends werden die destruktiven Spuren unserer Vergänglichkeit so sichtbar wie im Gesicht. Vielleicht rührte daher die ursprüngliche Intoleranz gegenüber den ersten künstlerischen Versuchen, die Integrität des Gesichts aufzulösen. Die konservative Ablehnung der Moderne hat sich nämlich nicht zuletzt an der Abbildung des menschlichen Gesichts entzündet, an der Abstraktion der menschlichen Züge bei Picasso, Jawlensky oder bei Braque. Die Reduktion auf das Essentielle und Expressive des Gesichts war auch eine Antwort auf die – durch die Psychoanalyse und den Strukturalismus – zunehmend in Frage gestellte Auffassung, das innere Wesen eines Menschen über die Abbildung seines Äußeren erfassen zu können. Giacometti etwa hat die Unmöglichkeit, ein Gesicht, oder besser: mit dem Gesicht die Person, einzufangen, in den Prozess der Verfertigung seiner Porträts mit eingebaut. Seine Modelle waren meistens Menschen aus seinem engsten Umkreis, die wochenlang für ihn sitzen mussten, während er das Gesicht der Porträtierten immer wieder auslöschte und übermalte. Herausgekommen sind bei diesem im Prinzip unabschließbaren Verfahren Bilder von höchster Intensität und Dichte –

als sehe man ein Palimpsest, in dem das schlechthin Unsichtbare, die Zeit selbst, erscheint.

Solche Tortur waren nicht viele Modelle hinzunehmen bereit. Auch deshalb gab das eigene Gesicht noch immer »das beste und willigste Modell« (Lovis Corinth) ab. Dabei ist es durchaus »nicht immer lustig, sich selbst anzusehen«, wie etwa die Malerin Helene Schjerfbeck einer Freundin im Jahr 1921 schrieb. Gleichwohl hat die finnische Künstlerin sich mit dem eigenen Gesicht ein Leben lang auseinandergesetzt und den unaufhaltsamen Gang der Zeit in radikalen Studien der eigenen Physiognomie ausgemalt. Über die Jahrzehnte ist dabei so etwas wie eine Biographie ihres Gesichts in immer reduktionistischer werdenden Bildern entstanden, in denen sich der Tod unerbittlich voran arbeitet. Nur Ferdinand Hodler war dem Zerstörungswerk des Verfalls beim Malen seiner sterbenden Geliebten Valentine Godé-Darel ähnlich schonungslos auf der Spur.

Neben Krankheit und Tod aber ist es vor allem die bohrende Frage nach der Identität, die die Künstler beim Malen des eigenen Gesichts umtreibt. »Die Suche nach dem eigenen Selbst ist der ewige nie zu übersehende Weg, den wir gehen müssen«, gab etwa Max Beckmann zu Protokoll und sprach damit aus, was den meisten Malerinnen und Malern beim Selbstporträt keine Ruhe ließ. Mit dem Fortschritt der technischen Medialisierung durch die Photographie verlor die Malerei freilich weitgehend ihre Zuständigkeit für die Abbildung des Gesichts. Eine künstlerische Antwort darauf war, dass die Maler die Verweigerung seiner Darstellung selber zum Thema machten. Der Künstler Arnulf Rainer etwa begann in den 1950er Jahren die Gesichter auf seinen Gemälden mit energischen Pinselstrichen zu malträtieren. Besonders die Toten nahm er dabei ins Visier. Rainers wuchtiger Farbauftrag war eine Attacke auf die Ruhe der Toten; mit wütenden Pinselhieben prügelte er sie gewissermaßen ins Leben zurück. Arnulf Rainer zeige in seinem Werk, »dass wir vom Gesicht nur Bilder haben, und doch wissen, dass sie Bilder bleiben, die nie Gesicht werden«, bemerkt Hans Belting.[3] Man kann es auch anders sagen: Wir wollen auf Porträts immer mehr sehen, als Bilder zeigen können – nämlich das lebendige, das unendlich wandelbare Gesicht.

Dabei ist die Schwierigkeit, das »wahre« Gesicht einzufangen, mit der Gesichts-Apotheose der Massenmedien eher noch größer geworden. »Die moderne Kunst, wo sie noch Gesichter zeigt, führt gleichsam Protokoll über eine permanente interfaziale Katastrophe«, bemerkt der Philosoph Peter Sloterdijk im ersten Band seiner »Sphären«-Trilogie.[4] Die zeitgenössische Kunst zeige »Gesichter ohne Anerkennung, gezeichnet von den Welt-

3  Ebd., S. 276.
4  Sloterdijk, Peter: Sphären. Mikrosphärologie. 1. Band: Blasen. Frankfurt a. M. 1998, S. 193.

mächten Entleerung und Entstellung«. Es handele sich dabei um Gesichter, »deren Gegenüber keine menschlichen Partner mehr, sondern Monitore, Kameras, Märkte, Evaluationsgremien sind«. So mündet der Versuch, die reproduzierten Physiognomien aus ihren konventionellen Posen und ihrer medialen Totenstarre zu erlösen, in immer komplizierteren Bildgebungsverfahren in der modernen Kunst. Beispielhaft dafür sind die changierenden Riesenformate des amerikanischen Malers Chuck Close, der die Reproduktion von Porträt-Polaroids in übergroße Raster transferierte und die nachgemalten Gesichter in eine ganz neue Dimension der Auflösung und Zusammensetzung überführte. Er sei daran interessiert, »wie jemand in einer Hundertstelsekunde aussieht«, erklärte Close.[5] Weil sich seine Bilder beim Betrachten stets neu zusammenfügen, bewahrt das gemalte Porträt bei Close die genuine Fähigkeit des Gesichts, in jedem Moment anders aussehen zu können als im Sekundenbruchteil davor.

Wohl niemand aber hat diese Veränderlichkeit des Gesichts weiter auf die Spitze getrieben als die amerikanische Künstlerin Cindy Sherman. Sherman behandelt Gesichter wie Accessoires; Person und Persona sind bei ihr eins. Der Umstand, dass auf den meisten ihrer Bilder niemand anderes zu sehen ist als Sherman selbst, verrät einiges über die faziale Verwandlungskraft dieses Chamäleons

---

5   Belting, ebd., S. 279.

der Gegenwartskunst, das mit den »Untitled Film Stills« Ende der siebziger Jahre hervorzutreten begann. Sherman hat sich seither in unzähligen Frauentypen jeglichen Alters und unterschiedlichster Provenienz dargestellt; manchmal waren auch Männer darunter. Ob sie mit kitschverdächtigem Augenaufschlag als Fouquets »Madonna mit Kind« oder – für das Modemagazin »Vogue« – als halb debiles und völlig zerrauftes Model mit abgefressenen Fingernägeln posiert, ob sie als abgetakelte Society-Lady »of a certain age« oder als texanische Ausgeburt des amerikanischen Alptraums aufmarschiert – im Betrachter mischt sich das Erstaunen über solch frappierende *Imitatio artisti* stets mit dem leisen Gefühl, zum Narren gehalten zu werden. Da Sherman als Modell, Maskenbildnerin, Coiffeuse und Photographin, kurz: als Subjekt, Objekt, Regisseurin, Schauspielerin und Ausstatterin zugleich agiert, sind ihre (Selbst)-Porträts immer auch eine strategische Meisterleistung. Es ist das eigentümliche Faszinosum ihrer endlosen Gesichter-Metamorphosen, dass sie den Betrachter permanent an der eigenen Wahrnehmung irrewerden lassen.

Ich-Plakate – das scheinbar vertraute Gesicht

Dass das menschliche Gesicht mit seinem Erscheinen auf der großen Leinwand zu einer Vision wurde, hat niemand eindringlicher beschrieben als Roland Barthes in seinen »Mythen des Alltags«. Er meinte allem voran das Gesicht von Greta Garbo, dem er »die schneeige Dichte einer Maske« bescheinigte. Die Erscheinung der Garbo stehe für jenen flüchtigen Augenblick in der Geschichte des Films, »da das Erfassen des menschlichen Gesichts die Massen in größte Verwirrung stürzte«.[6] Dabei bewahrte dieses »Antlitz aus Schnee und Einsamkeit« auch aus der größten Nähe noch seine Unnahbarkeit. Nicht umsonst hat man der Garbo den Namen »Die Göttliche« beigesellt.

Das Leinwandgesicht in Großaufnahme machte das Eintauchen in die Züge von Filmstars zu einem kollektiven Erlebnis. Die Gesichter von Audrey Hepburn, Elisabeth Taylor, Marilyn Monroe oder Sophia Loren erhielten einen Kultstatus, der noch von der Aura ihrer außergewöhnlichen Schönheit zehrte. Mittlerweile hat die Faszination, die vom überlebensgroßen Leinwandgesicht einer schönen Frau ausgeht, an Strahlkraft einiges eingebüßt. Dies rührt nicht zuletzt daher, dass das »perfekte Gesicht« durch die Popularisierung der ästhetischen Chirurgie den Stempel der Machbarkeit hat. Der *Celebrity*-Kult, der sich heutzutage an Gesichter heftet, hat deshalb eine ganz andere Qualität als die Verehrung der Stars von einst. An die Stelle des unverwechselbaren Gesichts ist das *Image* der Mediengesellschaft getreten.

---

6 Barthes, Roland: Mythen des Alltags (1957). Frankfurt a. M. 2012, S. 73.

»Ein Image ist kein Portrait, sondern eine Projektion; kein Abbild, sondern ein Trugbild. Eine polymorphe Komposition aus den ungezählten Blicken, die auf eine Person geworfen werden«, schreibt der Kulturphilosoph Thomas Macho.[7] Es ist ein öffentliches Gesicht, das erst mit der Erfindung der modernen Medien entstehen konnte. Denn das Image ist gebunden an die Technik der seriellen Reproduktion: Es muss möglichst viele Menschen erreichen, um wiedererkannt zu werden. Der Verlust des Nimbus wird dabei kompensiert durch die Illusion einer falschen Intimität, in der das prominente Gesicht als vertrautes erscheint. Anders gesagt: Obschon dieses Gesicht ein artifizielles Medienprodukt ist, entsteht das Gefühl, es ein Leben lang persönlich gekannt zu haben.

Das Image der heutigen Mediengesellschaft, das die Abwesenheit als Anwesenheit fingiert, sei die zeitgenössische Variante der Ikone, meint Macho. Andy Warhol hat diese Entwicklung als einer der ersten begriffen. Warhols knallbunte Siebdruck-Seriographien von Pop-Ikonen wie Marilyn Monroe, Elisabeth Taylor oder Warhol selbst markieren einerseits deren Kultstatus, ebnen andererseits aber jede hierarchische Differenz zwischen Monroe, Micky Mouse oder Campbell's Tomato Soup wieder ein. Bezeichnenderweise begann Warhol seine se-

---

7    Macho, Thomas: Vorbilder. München 2011, S. 293.

86

rielle Ikonographie mit dem »großen Vorsitzenden«
Mao Tse-tung, dessen im Riesenformat am »Platz
des ewigen Friedens« plakatiertes Gesicht zum
Gegenstand der Serie »Mao II« wurde. Die Über-
führung des kommunistischen Machthabers ins
Reich der Pop-Art stand am Anfang einer Entwicklung, die die Grenzen zwischen Politik, Kunst und
Werbung in der Inflation der Bilder immer mehr
verwischte.

»Warum braucht im 21. Jahrhundert alles ein
Gesicht?« fragt auch Valentin Groebner in seiner
Geschichte der werbewirksamen Bildwerdung des
Gesichts vom Mittelalter bis zu den »Ich-Plaka-
ten« der zeitgenössischen Reklame.[8] In erster Linie sieht der österreichische Historiker das großformatige Werbegesicht als Identifikationsfläche,
dessen Emotionen deshalb zu jenen des Betrachters
werden könnten, weil das Gesicht »Ich« sage. Es
weckt so die Illusion, es gehöre zu einer authenti-
schen Person. Wie die Gesichter der mittelalterli-
chen Märtyrer seien die zeitgenössischen Werbege-
sichter Angebote zur wundersamen Verwandlung:
Sie versprechen, die magische Kraft der Marken
auf den Käufer zu übertragen. Die Lebensechtheit
und damit Glaubwürdigkeit des Werbegesichts ist
heutzutage allerdings das Produkt ausgesucht artifi-
zieller Optimierungsprozesse. Ein wirksam sichtbar

---

8  Groebner, Valentin: Ich-Plakate. Eine Geschichte des Gesichts als Aufmerksamkeitsmaschine. Frankfurt a. M. 2015.

gemachtes Gesicht im 21. Jahrhundert ist vor allem
»unsichtbare Arbeit« – nämlich das Werk von Visa-
gisten und digitalen Bildbearbeitern.

### Defacing – das übermalte Gesicht

Das Gesicht der Mächtigen ist seit jeher die Wäh-
rung, mit der die Obrigkeit sich in Szene setzt. Als
eines der ältesten Zeugnisse solch herrscherlicher
Beglaubigungssucht gilt das auf eine Münze ge-
prägte Doppelporträt von Caesar und seinem
Adoptivsohn Octavian aus dem Jahr 38 v. Chr., das
die Erbfolge der Macht schon vorsorglich der Wäh-
rung einschreibt. Bis auf den heutigen Tag sorgen
Herrscher jeder Couleur für die öffentliche Dis-
tribution ihres Gesichts – in der Porträtmalerei
ebenso wie in der massenweisen Verbreitung ihrer
Photographie. Die Plakatierung der überlebensgroßen Gesichter tyrannischer Machthaber ist neben
Denkmälern somit auch eines der beliebtesten Ziele
des Aufbegehrens – sei es in Form von Übermalen
und Übersprühen, sei es durch Abreißen oder Ver-
brennen. Auch vor demokratischen Volksvertretern,
Pop- und Film-Stars sowie den Werbebildern von
schönen Menschen macht diese Praxis nicht halt.
Porträt-Plakate laden zum sogenannten Defacing
offenbar ein; jedenfalls geht ein unwiderstehlicher
Reiz zur Schändung von ihnen aus.
    Dabei kommt das Übermalen mit Bärten und
Brillen, Schielaugen oder schwarzen Zähnen nicht

allein einem kindlichen Akt der Zerstörungslust
gleich. Es ist auch ein Angriff auf das Ansehen der
jeweiligen Person. Geht es doch häufig darum, mit
den entstellten Gesichtern den Status der Abgebildeten (bzw. der falschen Versprechen) zu desavou-
ieren. Darin treffen sich die schnell hingekritzelten
Verunstaltungen auf Plakatwänden mit jener Form
der Karikatur, die das Gesicht einer öffentlichen
Figur auf einen einzigen charakteristischen Zug hin
entstellt. Es ist dies eine physiognomische Zuspitzung, die gemeinhin die Charakter-Deformationen
des Karikierten oder die Verfehlungen der von ihm
repräsentierten Institution satirisch anprangern
soll. Ziel ist die Desillusionierung der Repräsentation und die Entlarvung des »wahren Gesichts« der
Macht, wobei die Sphäre der Politik und die Welt
der *Celebrities* mehr denn je Hand in Hand gehen.

Ein gutes Beispiel dafür ist die entfesselte Wut,
die sich kurz nach den Attentaten auf das World
Trade Center am 11. September 2001 über Britney
Spears ergoss, die seinerzeit auf der Höhe ihres
Erfolges war. Unter dem Titel »Defacing Britney«
wurde eine virtuelle Flut massenweise entstellter
Poster des Popstars ins Netz gestellt. »Britneys iko-
nischer Nimbus provozierte auf der ganzen Welt
eine große Zahl an wütenden Reaktionen – über
ihren Status als Sexsymbol, über Amerikas Status
als globale Macht, gegen den gegenwärtigen Stand
der Musik- und Kultur-Industrie und die wach-
sende Macht der multinationalen Konglomerate

wie AOL und Viacom«, schrieben die Initiatoren der »Defacing-Britney«-Kampagne.[9] Britney Spears' Gesicht war im Zuge der Erschütterung durch die Attentate auf das ikonische Statussymbol des globalen Kapitalismus und die Großmacht USA zum Markenzeichen all dessen geworden, was schieflief in Amerika und der (westlichen) Welt.

### Blinzeln und Augenaufschlag – das Selfie

Wenn man den Saal mit niederländischen Porträts im Metropolitan Museum in New York betritt, hat man auf Anhieb den unbehaglichen Eindruck, von intensiv musternden Blicken umzingelt zu sein. Es ist, als seien die dort porträtierten Gesichter aus Fleisch und Blut. Das Entscheidende dabei ist nicht so sehr die lebendige Präsenz der Züge, der Wangen etwa, der Nase und Stirn, und auch nicht die Ansammlung würdevoller Persönlichkeiten, die uns dort über die Jahrhundertschwellen entgegenblicken, sondern die Allgegenwart der Augen. Man begreift sofort, was das Essentielle ist am Gesicht: der Blick, der uns trifft und den wir erwidern müssen.

Dass das Angeblicktwerden eine durchaus ambivalente Erfahrung sein kann, erzählt die Anekdote vom »Dornauszieher« von Heinrich von Kleist aus dem Jahr 1810. In der Parabel »Über das Marionet-

---

9 Becton, Will und Hoban, Steven: https://mrbellersneighborhood.com/2001/11/defacing-britney

tentheater« ertappt sich ein junger Mann im Spiegel bei einer unwillkürlichen Geste, die jener der berühmten antiken Skulptur vom »Dornauszieher« gleicht. Der junge Mann teilt diesen Eindruck seinem Begleiter mit, der just in diesem Moment die gleiche Beobachtung macht. Um der Eitelkeit des Jünglings etwas entgegenzusetzen aber, lacht er ihn aus. Daraufhin versucht dieser, die graziöse Bewegung zu wiederholen, eine Bemühung, die zwangsläufig fehlgehen muss und, je öfter sie repetiert wird, in unfreiwillige Komik umschlägt. Der junge Mann, so die Pointe dieser Parabel, hat die Voraussetzung jeder Grazie, die Unschuld, verloren; er ist, wie Narziss, in sein Bild gestürzt. Es ist natürlich kein Zufall, dass Kleists Jüngling in einem Alter ist, in dem uns der Bewusstseinssprung des Narzissmus ereilt – die Pubertät. Der Knabe erkennt, dass er gesehen wird, und er sieht sich selber in diesem Blick. Er spiegelt sich im Bewusstsein der anderen und stolpert aus dem Reich des unreflektierten kindlichen Weltbezugs in die Falle der – nur allzu störungsanfälligen – Selbstverliebtheit.

Wer junge Mädchen heutzutage beim Selfie-Machen beobachtet, wird Zeuge einer ähnlichen Konstellation. Der kokette Augenaufschlag, der kulleräugige Unschuldsblick, die aufgeworfene Enten-Schnute erzeugen ebenso wie die himmelwärts ausgerichtete Blickrichtung für den Außenstehenden den Eindruck einer gründlich misslingenden Selbsthypnose. Auch wenn die dabei imitierte laszive Influencerinnen-Ästhetik gern als eine neue Form der weiblichen Selbstermächtigung gefeiert wird – das Schnuten-Selfie ist das Produkt der (Selbst-)Vermarktungszwänge, die es zu sprengen vorgibt. Vermutlich ist den wenigsten der Posierenden die Herkunft ihres Ausdrucksrepertoires aus der Pornoindustrie bewusst.

»Wer ein Selfie macht, macht sich selbst zum Bild. Das ist etwas anderes als nur ein Bild von sich selbst. Ein Selfie machen heißt, ein Bild von sich selbst zu machen, auf dem man sich selbst zum Bild gemacht hat«, schreibt der Kulturwissenschaftler Wolfgang Ullrich in seinem Buch *Selfies*. Das klingt nur auf den ersten Blick spitzfindig. Denn in der Tat ist die Inszenierung ein integraler Bestandteil dieser neuen Bilderkultur, die laut Ullrich in der kulturgeschichtlichen Tradition von Masken steht. Das auffällige Grimassieren auf vielen Selfies habe dabei eine paradoxe Schutzfunktion, die den oft kritisierten Narzissmus des Selfie-Machens ironisch konterkariert, indem sie das Gesicht übertrieben in Szene setzt. »Dass man im Bewusstsein seiner eigenen Bildwerdung Mimik und Gestik gezielt in Form bringt, lässt aus einem natürlichen Ausdruck eine gestalterische Leistung werden«, schreibt Ullrich. Deshalb wirkten viele Menschen auf Selfies so künstlich.[10] Es ist vermutlich kein Zufall, dass die

---

10   Ullrich, Wolfgang: Selfies. Digitale Bildkulturen. Berlin 2019, S. 14.

mimischen Gemüts-Expressionen der Selfies sich zunehmend den Emoticons angleichen.

Nun ist der Ego-Shoot nur eine Facette der globalen Selfie-Kultur, deren Spektrum vom banalen Urlaubsbild über lustige Schnappschüsse bis hin zu künstlerisch ausgestalteten Kompositionen reicht. Doch ob klischierte Pose oder komplexes Porträt, eines ist unumstritten: Wohl kaum etwas hat unsere Körpersprache in den letzten Jahren stärker verändert als das via Handy verbreitete spontane Selbstporträt. Mit dem Selfie ist die alte Frage nach der bildlichen Selbst-Repräsentation in eine ganz neue Phase getreten.

Selfies haben nicht nur die Positionen von Subjekt und Objekt, Sehen und Gesehenwerden, sondern auch den Fokus, die Gewichtungen und Intentionen der traditionellen Porträt-Photographie außer Kraft gesetzt. Der Modus der Inszenierung bleibt – sofern nicht der Handy-Stick zum Einsatz kommt – auf die Distanz der Armlänge eingeschränkt. Diese Nähe ist essentziell. Denn abgesehen von »touristischen Highlights« ist es meist die Kulisse der privaten Existenz, vor der das Gesicht in die Kanäle der sozialen Netzwerke eingespeist wird. Wobei der Begriff der Privatheit durch die Postings auf Facebook, TikTok und Instagram natürlich implizit ad absurdum geführt wird.

Doch das ist für viele gerade das Attraktive: Das Selfie verheißt Authentizität und persönliche Ansprache und ist zugleich anonym, austauschbar und standardisiert. Es will nicht mehr Charakterköpfe für die Nachwelt fixieren, sondern das Hier und Jetzt im Netz, den kuriosen Einfall, das tolle Abendessen, die neue Frisur. Dabei ist das photographierte Ereignis selbst gänzlich zweitrangig. Das Selfie ist die erste weitverbreitete Form des Selbstporträts, in der es nicht um die Dokumentation einer wie auch immer gearteten Wirklichkeit, sondern allein um die Wirkung auf andere geht. Nicht das Abbild selbst ist entscheidend, sondern die Frage, wie oft es geteilt und *gelikt* wird. Laut dem israelischen Psychologen Daniel Kahneman führt dies dazu, dass der erlebte Moment bereits so zugerichtet wird, wie er im Gedächtnis bleiben und erst im Nachhinein auf dem Bild wahrgenommen werden soll.[11] Anders gesagt: Die Instagram-Generation erlebt die Gegenwart nur noch als vorweggenommene Erinnerung und macht jeweils das passende Gesicht dazu.

---

11    Halter, Martin: Das geteilte Selbst. Selfies als Existenzbeweis und Kunstform. SWR 2, 15. Februar 2016.

# VI
## Die Zeichensetzung der Gefühle

### Schutzschild und Verräter –
### über das eigene Gesicht reden

> Das Gesicht ist wie halbiert.
> Alles, was schlaff, schmerzhaft,
> krank am Körper ist, sitzt links.
> Deshalb die Angewohnheit,
> das Mikrophon mit der rech-
> ten Hand zu halten.
>
> S. B., Rocksängerin, »Fremde
> Bühnen«

Die Schriftstellerin Gisela von Wysocki hat Menschen aus ihrem Bekanntenkreis zu ihrem Gesicht
befragt und diese Gesichtsauskünfte aufgeschrie-
ben. Die »fremden Bühnen«, die Wysocki in ihrem
gleichnamigen Buch mit Gesprächsprotokollen betritt – wobei »Protokoll« das Verfahren der in acht
Kapiteln destillierten Aussagen nicht wirklich trifft –,
entpuppen sich als die Arena einer lebenslangen
Auseinandersetzung mit dem, was uns am nächsten ist und doch zutiefst fremd sein kann. Ständig klebt der Blick an Widrigem, skandiert durch
das schmerzhafte Wörtchen »zu«. *Zu* lang die Nase,
die Stirn *zu* niedrig oder *zu* hochgewölbt. Über das
eigene Gesicht zu reden, sei wie das Sprechen über

etwas Obszönes, beinahe wie das Reden über das Geschlecht, sagt eine der Befragten. Haare und Schminke, Brille und Schleier, die Maske aus Stoff oder die in Fleisch und Blut übergegangene bedecken nur unzulänglich, was sich subjektiv irgendwie nackt, ja wie ein Verräter anfühlt.[1] Doch egal, ob makellos oder irgendein »zu« – wer unzufrieden ist mit dem eigenen Gesicht, wird im Laufe des Lebens häufig mit der Erkenntnis bestraft, die vergangene Attraktivität nicht beizeiten erkannt zu haben.

»Im Spiegel: der Feind«, heißt das bei Peter Handke. Man muss sich für die Auskunft über das eigene Gesicht aber nicht vor den Spiegel stellen; das Spiegelbild zeigt ohnehin nur das Gesicht, das man gerade für sich selber macht. Gegenüber anderen sind wir dagegen geneigt, unsere Mimik im Einvernehmen mit den Konventionen zu modellieren, was wiederum dazu führt, dass das erlernte Ausdrucksrepertoire auf die Gefühle zurückwirken kann. Eine starre Miene etwa hält den akkumulierten Zorn im Zaum, erstickt in chronischem Gram bleibt das festgezurrte Gefühl. Oft kapern die Emotionen auch eine spezielle Gesichtspartie. Die Stirn ist empfänglich für den Ernst oder die »Sorgenfalten«, Freude und Glück erleuchten die Augen. Im unteren Teil des Gesichts finden Frustration und

---

1 Wysocki, Giesela von: Fremde Bühnen. Mitteilungen über das menschliche Gesicht. Hamburg 1995, S. 34.

Resignation ihr Revier: Abwärts weisende Mund-
winkel sind die sichtbarsten Zeichen einer nieder-
ziehenden Disposition. Der Hang zur Bitterkeit
zeigt sich dann später als eingegrabener Zug. Eine
Lebensleistung ist es, wenn daraus kein Panzer wird.

Natürlich bieten die Masken der Konvention
auch Zuflucht und Schutz. Sie sind wie Kleider, die
man je nach Gelegenheit aus dem Schrank ziehen
kann. Die Gefahr freilich bleibt, dass die Kleidung
nicht richtig sitzt und das Gesicht entgleist. Mitunter geht das blitzschnell, und es sticht unter der
liebenswürdigen Mimik ganz plötzlich etwas Eis-
kaltes hervor. Gemeinhin aber bleibt es nicht aus,
dass die erlernten Gesichter sich im Laufe der Zeit
immer fester anschmiegen. Wir haben das fraglose
Einverständnis mit unserem Gesicht meist in der
Kindheit verloren und sind seither nur in der Liebe
sein Gast. Wer liebt, lebt in den schönsten Möglichkeiten seines Gesichts.

### Intermezzo

*Bereits als Kinder lernen wir, dass ein Gesicht aus Zeichen
besteht. Punkt, Punkt, Komma, Strich, fertig ist das Angesicht – so spielerisch sollte das menschliche Konterfei
zu reproduzieren sein. Doch steckte in dieser scheinbaren
Leichtigkeit eine Herausforderung: Wie konnten wir über
die Zeichensetzung gebieten, wo doch das Schreiben erst
noch zu lernen war? Wer schreiben konnte, war über diese
primitive Form des Abbilds ja längst hinaus.*

*Dass die Interpunktion der Physiognomie uns gleich-*
*wohl als eine Art Schrift erschien, war freilich die Pointe*
*dieses Rezepts. Denn der Vers traute dem Kind etwas*
*Großes zu: einen symbolischen Akt. Das Vermögen, ein*
*Gesicht in einer Zeichnung wiederzugeben, wäre somit*
*ein erster Schritt aus der schriftlosen Phase der Existenz.*
*Anders gesagt: Mit der Zeichensetzung eines Gesichts be-*
*ginnt die Fähigkeit zur Abstraktion.*

*Doch ist es nicht sonderbar, dass das Konkrete und*
*Individuellste – ein Gesicht – auf das Abstrakte und All-*
*gemeine – die Interpunktion – zu reduzieren sein soll?*
*Dass beispielsweise das Zeichen, das einen Satz beendet,*
*ein Auge vorstellen kann? Ist doch kaum etwas ausdrucks-*
*loser als ein einfacher Punkt. Zu einem Antlitz rundet*
*sich deshalb immer nur das Ensemble der Zeichen. Und*
*jede Lektüre eines Gesichts ordnet diesem sofort Empfin-*
*dungen zu. Die im Rhythmus des Abzählverses skandierte*
*Malanleitung beruht somit auf der Annahme, dass die*
*Satzzeichen nicht nur Sinnesorgane, sondern auch Ge-*
*fühle zu repräsentieren vermögen. Denn wie die Inter-*
*punktion Bedeutung und Energie eines Satzes bestimmt*
*oder wenigstens moduliert, so fügt die Anordnung von*
*Punkten, Komma und Strich der abstrakten Physiogno-*
*mie einen emotionalen Ausdruck hinzu. Der Erfolg der*
*Emojis beruht auf diesem simplen Fakt.*

*Punkt, Punkt, Komma, Strich, fertig ist das Mond-*
*gesicht: Dergestalt imitieren wir schon im frühen Alter*
*den Schöpfer, der das Licht vom Dunkel trennte, um den*
*Menschen nach Seinem Bilde zu schaffen. Das Gesicht im*
*Mond aber ist die erste Himmelserscheinung, die uns im*

Auf- und Untergehen mit der Flüchtigkeit unserer Existenz bekannt macht. Indem wir dem Mond ein Gesicht einschreiben, gehorcht er ein wenig unserer Regie.

Auch die frühen Höhlenmalereien haben versucht, mit der beweglichen Welt ein Stillhalteabkommen zu schließen und sie in Zeichen zu bannen. Die Abbildung eines Angesichts aber war in der Frühphase menschlicher Darstellung nicht dabei. Die Höhlenzeichnungen zeigen überhaupt kaum eine Menschengestalt – und wenn, dann haben unsere Vorfahren ihr einen Tierkopf verpasst. Neben Bison, Mammut, Pferd oder Stier überwiegen Punkte und Striche; diese sehen am ehesten aus wie die Spuren von Tieren im Schnee. Am Fußabdruck eines Tieres erkennen wir, um welche Spezies es sich handelt und ob sie uns freundlich gesonnen ist oder nicht. So ist auch die Zeichensetzung des Gesichts von den Hieroglyphen älterer Anfänge überschrieben, der Reduktion auf Punkte und Striche, deren Anordnung uns wie ein Emoticon aus Doppelpunkt, Trennstrich und schließender Klammer :-) die Gefühlslage unseres Gegenübers verrät.

Im Anfang war das Wort, doch sieht es so aus, als ob wir den Satzzeichen unsere Existenz verdanken. Denn als Gott zu sprechen anhob, gab er einen Befehl. Erst das Ausrufezeichen trennte die Helligkeit vom ewigen Dunkel, in dem noch nichts war. Und es schuf das erste Verbot: vom Baum der Erkenntnis zu essen. Seine Überschreitung brachte das Fragezeichen ins Paradies. »Wo bist du, Adam?« Mit dieser Frage kamen Scham und Schuld in die Welt. Seither sind wir gezwungen, mit dem Kainsmal auf der Stirn und der Schamröte im Gesicht zu leben.

## Das Gesicht schreiben

»Als ich heut vor dem Spiegel Kirschen fraß, sah ich mein idiotisches Gesicht. Gegen die geschlossenen schwarzen Kugeln, die im Mund versanken, wirkte es noch ungebundener, lasziver und widerspruchsvoller. Es hat viele Elemente von Brutalität, Stille, Schlaffheit, Kühnheit und Feigheit in sich und es ist abwechslungsvoller und charakterloser als eine Landschaft unter wehenden Wolken.«[2] Abwechslungsvoll und charakterlos, brutal, schlaff, kühn und feige – selten wohl ist die Widersprüchlichkeit eines Gesichts so überzeugend in Worte gefasst worden wie in diesem Selbstporträt, das der 23-jährige Bertolt Brecht angesichts seines Spiegelbilds zeichnet – überzeugend auch deshalb, weil seine Schilderung dem Gesicht jene Züge einschreibt, die man zu kennen glaubt. Das ist hohe Kunst, besonders, da die Kälte, mit der der Autor sich selbst ins Gesicht sieht, von einiger Selbstkenntnis zeugt. Hier macht sich jemand nichts vor. Zudem ist die Skizze auch deshalb eindrucksvoll, weil der Autor auf eine klassische Beschreibung der Physiognomie ganz verzichtet und statt dessen mit Verschiebungen operiert: Seine kirschrunden schwarzen Augen meint man in dem Obst, das er in den Mund schiebt, wiederzufinden. Die Drastik

---

2  Brecht, Bertolt (17.6.1921): Autobiographische Aufzeichnungen 1920–1954. Frankfurt a. M. 1975.

der Brechtschen Texte zeigt sich auch in der Darstellung seines eigenen Gesichts.

»Herr in der Loge öffnet beim Lachen den Mund bis zu einem rückwärtigen Goldzahn, der dann den Mund ein Weilchen so offenhält«, heißt es in Franz Kafkas Tagebuch. Der »Herr in der Loge« ist ein typisches Beispiel für Kafkas Gesichtsporträts, in denen ein Detail – »der Goldzahn« – kein integraler Bestandteil eines Gesichtes mehr ist, sondern ein Hauptmerkmal, das die ganze Mimik eigenständig dirigiert. Der verblüffende Umkehrschluss, dass nämlich nicht der Zahn durch den offenen Mund erst sichtbar wird, sondern das Gold des Zahns das Gesicht des Mannes praktisch in ein gähnendes Loch verwandelt, gehört zur ebenso einleuchtenden wie absurden Logik von Kafkas Gesichtsbeschreibungen, die laut dem Literaturwissenschaftler Peter von Matt den dichterischen Sprung in die Moderne vollziehen.[3]

Kafkas literarische Mini-Porträts sind durch ihre Ausnahmestellung ein besonders signifikantes Exempel für die generelle Schwierigkeit, ein lebendiges Gesicht schreibend einzufangen. Man kann zwar einzelne Züge hervorheben – das vorstehende Kinn, den Schwung der Brauen, die Fülle der Lippen oder das spezifische »zu« –, nie aber wird man das Gesicht als Ganzes, seine Charakteristik und

---

3 Matt, Peter von: ... fertig ist das Angesicht: Zur Literaturgeschichte des menschlichen Gesichts. München 1983, S. 21 ff.

seine Ausstrahlung, seine Widersprüchlichkeit und sein Geheimnis in der Aufzählung der einzelnen Züge transportieren können. Das meinte Lessing, als er dieses Problem der Dichtung im »Laokoon« adressierte und schrieb, »dass es über die menschliche Einbildung gehet, sich vorzustellen, was dieser Mund und diese Nase und diese Augen zusammen für einen Effekt haben, wenn man sich nicht aus der Natur oder Kunst einer ähnlichen Komposition solcher Teile erinnern kann«.[4]

Natürlich ist dies nicht nur ein Problem, das sich den Dichtern stellt. Man versuche nur einmal, einem Freund das Gesicht einer nahestehenden Person zu schildern – man wird ohne umständliche Vergleiche nicht auskommen. Die prinzipielle Unmöglichkeit, ein lebendiges Gesicht zur Anschauung zu bringen, hat freilich nichts daran geändert, dass Schriftsteller und Schriftstellerinnen seit jeher einen besonderen Ehrgeiz darein gesetzt haben, ihre Zeitgenossen zu porträtieren. Anders als bei einer Romanfigur, die ihnen weitgehend dichterische Freiheit schenkt, haben sie es allerdings mit einer Falle zu tun. Denn was sich sperrig entgegenstellt, schreibt Peter von Matt in seinen literarischen Gesichtserkundungen »... fertig ist das Angesicht«, ist der Beschreibende

---

4 Lessing, Gotthold Ephraim: Laokoon oder Über die Grenzen der Malerei und Poesie. Werke, hrsg. von G. Göpfert u. a., 6. Band. München 1974, S. 129.

selbst. Das reale Gesicht nämlich sei ein *état d'âme*, »aber, und dies ist entscheidend: ein Seelenzustand des Betrachters, nicht des Betrachteten«. Mehr als von der geschilderten Person sprächen die Schreibenden stets von sich selbst. Das Problem dabei sei, dass sie dies meist nicht wissen. »Die Gewalt der Gegenwart – auch der erinnerten – des Porträtierten und das Elementare des Körpers täuschen den Autor unweigerlich über das Ausmaß hinweg, in dem er sich selbst im Bildnis wiedergibt.«[5]

Gemeint ist hier nicht, dass der Autor die eigenen Züge auf die des anderen projiziert, als vielmehr, dass er unweigerlich die eigenen Normen und Werte in die Beschreibung einfließen lässt. Im ausgehenden 18. und im bürgerlichen 19. Jahrhundert hat sich eine Form der Gesichtsbeschreibung durchgesetzt, die das physische Porträt unweigerlich in ein sittliches Profil übersetzt. Besonders beim Blick auf das weibliche Antlitz war die gesellschaftliche Norm nahezu immer im Bild. Dabei scheiterten oft auch die größten Stilisten an der Aufgabe, das andere Geschlecht ohne Rückgriff auf den offiziellen Katalog weiblicher Reize zu schildern. »Wo immer aber die Beschreibung des Frauengesichts ganz und gar nur die Schilderung ihrer Schönheit, deren Nuancen und Abschattierungen ist, stellt sie auch schon eine Art lautlos-vorzeitigen Todesurteils dar.« Denn im

5  Matt, Peter von: ebd., S. 113.

biologischen Alterungsprozess ist die Schönheit ein flüchtiges Phänomen, und »wenn ein Porträt auf nichts außerhalb dieser Reize verweist, überantwortet es die Person auf einen frühen Zeitpunkt hin der sozialen Vernichtung«.[6]

## Moralische Gesichtslektüren – Physiognomik

Als der Schriftsteller Alfred Döblin im Jahr 1946 ein Portfolio mit anonymen Fotoporträts überreicht bekommt, die er für die Zeitschrift »Das Kunstwerk« einer physiognomischen Betrachtung unterziehen soll, setzen die Gesichter der abgebildeten Personen die Phantasie des Schriftstellers augenblicklich in Gang. Döblin, der sich in seinen fototheoretischen Schriften schon vielfach mit der Darstellung von Gesichtern beschäftigt hatte, schreibt lauter kleine Charakterstudien, in denen er den – ausschließlich männlichen – Porträtierten nicht nur einen Beruf (»ein schlechtgelaunter Beamter, der an seinen Abschied denkt«, »ein junger Komponist aus gutem Hause« etc.), sondern auch allerlei dubiose Umtriebe (Eisenbahnen in die Luft sprengen) andichtet. Der Autor begreift das Ganze als Anregung für seine literarische Arbeit und erwägt, das Unterfangen zum Ausgangspunkt fiktionaler Verwicklungen zu nehmen: »Diesen Kerl, Nummer 3, möchte ich einmal mit Nr. 4., dem slawischen Revolutionär zu-

---

6    Ebd., S. 102.

sammenbringen.« Allein, »um das Ganze in Bewegung zu setzen, fehlen ein paar Frauen«.

Am nächsten Tag, als Döblin der Assistentin der Zeitschrift seine literarischen »Porträts« überbringt, stellt sich heraus, dass diese die Namen der Porträtierten vergessen hatte. Es handelte sich nämlich nicht um lauter Unbekannte, sondern um einen Kreis von berühmten Malern. Döblin ist konsterniert: »Der tschechische Partisan – Kokoschka; nun – wie stehe ich da?« Natürlich kann der Text so nicht abgedruckt werden. Unter dem Titel »Fotos ohne Unterschrift« erscheint aber eine kommentierte Version, in der der Autor von »Berlin Alexanderplatz« seinen Gesichtsstudien eine Reflexion über die Unzuverlässigkeit der Physiognomik (und die Neigung der Photographie, stets nur »den Abscheu der Menschen vor dem Fotoapparat« abzulichten) beigesellt.

Die Geschichte, die die Literaturwissenschaftlerin Ellen Strittmatter in dem Sammelband »Bildnispolitik der Autorschaft« erzählt[7], verdeutlicht, wie stark die Neigung, von der Physiognomie auf Charaktereigenschaften zu schließen, auch in den reflektiertesten Köpfen verankert ist. Als der Begründer der sogenannten Physiognomik gilt der

---

7  Strittmatter, Ellen: »Corriger la nature. Ich bin für Masken«. In: Bildnispolitik der Autorschaft. Herausgegeben von Daniel Berndt, Lea Hagedorn, Hole Rößler, Ellen Strittmatter. Göttingen 2018, S. 353–376.

Zürcher Pfarrer Johann Caspar Lavater[8], dessen im 18. Jahrhundert entwickelte Lehre eine große, noch immer in der Küchenpsychologie fortlebende Gefolgschaft nach sich zog. Doch sah sich die frohe Kunde von der moralischen Aussagekraft des Gesichts sogleich auch dem beißenden Spott von aufgeklärteren Geistern ausgesetzt. Der erste war Georg Christoph Lichtenberg, der die Gesichtsdeutungen des Zürcher »Quacksalbers« u.a. mit einer »Physiognomik« von Schweine-, Hunde- und, *last but not least,* »Purschen-Schwänzen« parodierte. Er tat dies, indem er selbstgezeichnete Silhouetten von männlichen (und tierischen) Anhängseln im Stile der physiognomischen Charakterkunde mit einem bunten Strauß moralischer Eigenschaften versah.

Dabei hatte Lavater sich die zwischen 1775 und 1778 erschienenen »Physiognomischen Fragmente, zur Beförderung der Menschenkenntniß und Menschenliebe« als eine Art protestantische Offenbarungsethik gedacht, in der die einzelnen Menschengesichter als »Buchstaben des göttlichen Alphabets« zu entziffern seien. Lavaters Beschreibung des »erzbraven, fleißigen, treugutmütigen Zürchergesichts« lese sich allerdings, als sei sie vordringlich von dem Interesse bewegt, seine Landsleute »kraft seiner geistlichen und literarischen Re-

---

8  Lavater, Johann Caspar: Physiognomische Fragmente, zur Beförderung der Menschenkenntniß und Menschenliebe, Band 1. Zürich 1968.

putation, mit Kanzelzunge und Schriftstellerfeder allen vertragsfähigen Kontoren von Lissabon bis Petersburg zu empfehlen«, spottet Lavaters Landsmann Peter von Matt.[9] Es blieb nicht aus, dass die moralfrohen Steckbriefe Lavaters der entstehenden Marktgesellschaft zugleich das physiognomische Rüstzeug an die Hand gaben, sich vor dem, was man in der Folge »Verbrechervisage« nennen wird, tunlichst zu hüten.

### Du entkommst uns nicht – das gejagte Gesicht

Noch immer ist die im Kolonialismus und in der Rassenkunde der Nationalsozialisten pervertierte Lehre der Physiognomik nicht ganz ins Reich der Mythen und Märchen verwiesen worden. Die Vermutung, dass das Verbrechen distinkte physiognomische Züge hat, erlebte u. a. in der Verbreitung von Fahndungsfotos eine Art Wiederauflage. Fahndungsfotos sind eine Erfindung des späten 19. Jahrhunderts. Es war der Kriminologe Alphonse Bertillon, der die Photographie von Straffälligen als erster einer systematischen Vermessung unterwarf. Sein Regelwerk zur biometrischen Erfassung, die *Bertillonage*, legte überdies fest, aus welchem Abstand und aus welcher Perspektive die Gesichter von Verbrechern abgebildet werden sollten. Auf diese Weise trat zwar der unmittelbare Zirkelschluss

---

9  Matt, Peter von: a. a. O., S. 159.

einer physiognomischen Entsprechung zur Straftat hinter den Anspruch der Identifizierbarkeit durch normierte Raster zurück.[10] Der kriminelle Verdacht kam aber durch die festgelegte und bis heute gültige Form der Aufnahme – frontal und in Seitenansicht – unter der Hand wieder ins Bild.

Von dem jungen Frank Sinatra etwa existiert eine entsprechende Photographie, die anno 1938 entstand, als dem 23-Jährigen die Straftat der »Verführung einer unverheirateten Frau« vorgeworfen wurde. Diese Anklage wurde revidiert, da sich herausstellte, dass die besagte Dame durchaus verheiratet war. Doch lautete das Vergehen daraufhin »Ehebruch«. Später wurde auch dieser Vorwurf fallengelassen. Das Bild aber existiert noch immer, und Sinatra wird nun im amerikanischen Crime Museum unter dem Stichwort »Celebrity Mugshots« als ewiger »Häftling Nr. 42799« angeklagt.

Die öffentliche Verbreitung sogenannter *Mug Shots* von Verdächtigen unterliegt in den USA auch heute noch keinerlei Restriktion – und kommt so in gewisser Weise einer allgemeinen Vorverurteilung gleich. Dagegen dürfen Fahndungsfotos nicht verurteilter Straftäter in unseren Breitengraden nur in Umlauf gebracht werden, wenn der Verdacht einer schweren Straftat oder ein internationaler Such-

---

10 Richtmeyer, Ulrich: Fahndungsfoto. Kriminalistik und biometrische Gesichtserkennung. In: Das Gesicht. Bilder, Medien, Formate. Herausgegeben von Sigrid Weigel für das Deutsche Hygiene Museum Dresden, S. 28–33.

befehl vorliegt. Letzteres ist die Grundlage der Fernsehserie »Aktenzeichen XY ungelöst«, mit der die Verbrecherjagd Mitte der 1960er Jahre Einzug ins deutsche Wohnzimmer hielt. Die kurz darauf auch vom österreichischen und Schweizer Fernsehen übernommene Sendung, in der der Moderator Eduard Zimmermann mit Hilfe von Phantombildern und Fahndungsfotos die Bevölkerung in die polizeiliche Ermittlung ungelöster Kriminalfälle einschaltete, war eine Weltneuheit, die sich alsbald so großer Beliebtheit erfreute, dass sie international kopiert wurde. Mit diesem Sendeformat erhielten die in ein photographisches Raster gepressten Gesichter von Straftätern eine massenweise Verbreitung, die das physiognomisch unvorteilhafte Bild vom »Schwerverbrecher« maßgeblich mitprägen sollte. Bald darauf schon wurde »Aktenzeichen XY ungelöst« Menschenjagd, Denunziantentum und Diskriminierung von Minderheiten vorgeworfen.

Besonders in politisch aufgeladenen Kontexten wie etwa der Fahndung nach gewalttätigen Demonstranten oder dunkelhäutigen Straftätern stand die in der Sendung unhinterfragt reproduzierte Typologie polizeilich gefertigter »Verbrechervisagen« in der Kritik. Eine Typologie, die, nebenbei bemerkt, nach den Anschlägen auf das World Trade Center am 11. September 2001 zunehmend durch die bärtigen Physiognomien islamistischer Terroristen ersetzt wurde. Die massenmediale Entblößung dieser Gesichter, die zum Synonym für den Angriff auf die westliche Welt geworden sind, war nicht zuletzt auch eine symbolische Antwort des Westens auf die vermummten Züge der als Selbstmordattentäter angetretenen Massenmörder. Es dauerte denn auch nicht lange, bis das amerikanische Militär beim Training Gesichter-Dummys von halb vermummten Muslimen als *Targets* einsetzte.

Zugleich hat die Bekämpfung des Terrorismus das Vermummungsverbot in der Öffentlichkeit verschärft. Der Umstand, dass die Maskierung vor schneller Identifikation schützen kann, macht diese freilich nicht nur für Gotteskrieger und Randalierer, sondern seit jeher auch für Alltagsdelikte tauglich. Nur trägt der Einbrecher heute eher ein Hoodie als einen Strumpf überm Kopf. In diesem Pingpong zwischen Verstecken und Aufspüren ist es nur folgerichtig, dass das generelle Vermummungsverbot auf Demonstrationen von einer weiträumigen Kameraüberwachung und einer immer spitzfindigeren *Facial Recognition*-Technologie begleitet wird.

# VIII
## Die Tiefenkarte des Gesichts

La face, le visage, est le fait,
qu'une réalité m'est opposée.

*Emmanuel Levinas, »Ethique et
infini«*

### Find Face und Fake Face – virtuelle Gesichter

Schon immer war das Gesicht der Ausweis, der
den Zugang legitimiert (oder auch limitiert). Dass
unsere Physiognomie als eine Art Code funktioniert,
ist also nicht neu. Jedes moderne Smartphone verfügt heute über eine *Face-ID* bzw. eine Gesichts-
entsperrungsfunktion. Die Technologie der Gesichtserkennung liest die Geometrie des Gesichts.
Sie vermisst den Abstand zwischen den Augen sowie zwischen Stirn und Kinn, die Tiefe der Augen-
höhlen und die Konturen der Wangen und Lippen
und übersetzt diese Informationen dann in einen
numerischen Code. Wie der Fingerabdruck ist der
sogenannte Gesichtsabdruck bei jeder Person ein-
zigartig. Hinzu kommt die Analyse der Textureigen-
schaften der Haut und die Iriserkennung sowie die
3-D-Erfassung der Physiognomie.

Diese ausgeklügelte Technologie ist natürlich
nicht für den privaten Handy-Gebrauch entwickelt
worden. Firmen und Sicherheitsdienste greifen die
Tiefenkarte unserer Gesichter von Seiten wie Face-

book und Instagram sowie aus den öffentlichen Überwachungssystemen ab und speichern sie in digitalen Depots. Diese wiederum sind dazu da, Algorithmen zu trainieren, die die Gesichtserkennung für die kommerzielle Nutzung und die Überwachungstechnologie vorantreiben sollen. Da die Algorithmen der biometrischen Gesichtserkennung auch beim privaten Kommunizieren mit *Skype* oder *Face Time* zum Einsatz kommen, ist der Zugriff auf unser Gesicht praktisch universell.

Das amerikanische Unternehmen Clearview AI gehört zu den führenden Plattformen für Gesichtserkennungs-Software. Mit mehr als zehn Milliarden Fotos verfügt das Unternehmen laut eigenen Angaben über die bisher größte bekannte Datenbank der Welt. Sie wird auch von den internationalen Strafverfolgungsbehörden benutzt, um Verdächtige zu identifizieren, obschon sie ohne das Wissen oder das Einverständnis der abgebildeten Personen aufgebaut wurde. In dieser schönen neuen Welt der Totaltransparenz ist das Gesicht in erster Linie Beute für die Kriminalistik und den Konsum.

Eine spezielle Spielart solcher Gesichtserkennungstechnologien kommt beispielsweise in dem genannten *Automatic Facial Expression Recognition*-Verfahren (FER) zum Zug. Das ist eine Technologie, die Algorithmen einsetzt, um anhand der Gesichtsmuskulatur bestimmte Gefühlslagen zu identifizieren, die sich effektiv zur Ankurbelung des Konsums in den Dienst nehmen lassen. Der Software zugrunde liegt das sogenannte *Facial Action Coding System*, ein unter Psychologen weltweit verbreitetes Kodierungsverfahren zur Beschreibung von Gesichtsausdrücken. Dass die FER-Software nur sieben grundlegende Emotionen erkennen kann, macht diese psychologische Lesehilfe für die Werbung und das Personalmanagement nicht eben zum subtilsten aller Instrumente. Schon an Porträts der bildenden Kunst, die für die Vielfalt und Ambivalenz von Emotionen sehr viel komplexere Darstellungsformen entwickelt hat, als die empirische Forschung sich träumen lässt, müsste dieses Tool kläglich scheitern. Vom lebendigen Gesicht ganz zu schweigen.

Dass es gleichwohl leicht ist, mit Programmen wie *Find Face* einen Menschen ausfindig zu machen, ist von Datenschutzaktivisten oft genug demonstriert worden. Die gleichnamige App, die einen Schnappschuss mit Bilddatenbanken und den sozialen Medien abgleicht, kann jeder herunterladen. Die Trefferquote bei der Gesichtserkennungs-Software liegt – je nach Quelle – zwischen 80 und 99 Prozent. Selbst die Identifizierung eineiiger Zwillinge ist für die Software ein leichtes Spiel. Doch gilt diese Treffsicherheit nur unter bestimmten Voraussetzungen. Einer jüngeren Studie zufolge, die drei der am häufigsten eingesetzten Gesichtserkennungssysteme überprüfte, ergab, dass Geschlecht und Hautfarbe bei der Identifizierung eine Fehlerquote von bis zu 35 Prozent aufwiesen, wenn es sich um eine dunkelhäutige Frau statt um einen weißen Mann handelte. Der Grund: Die Entwickler der Algorithmen, mit denen die Gesichtserkennungssysteme trainiert wurden, hatten diese in erster Linie mit Daten gefüttert, die über die gleichen Merkmale verfügten wie sie selbst.[1]

So kommt es tröstlicherweise noch immer vor, dass das Gedächtnis des Menschen die neuesten Technologien ausstechen kann – wie etwa das Phänomen der sogenannten *Super-Recognizers* beweist. Diese haben die Fähigkeit, gesuchte Profile selbst auf verschwommenen Photographien aus der Masse herausfiltern zu können. Die erst im Jahr 2009 bei einer Harvard-Studie zur Gesichtserkennung entdeckte Begabung, die darauf beruht, dass die Betroffenen kein Gesicht vergessen, kommt seither vermehrt bei der Strafverfolgung zum Zug. Ihre Überlegenheit über die Technologie zeigt sich auch darin, dass die *Super-Recognizers* nach vielen Jahren noch eine Person identifizieren können, die sie zuvor nur einmal flüchtig gesehen haben, selbst wenn sich diese äußerlich stark verändert hat. Das vorerst letzte Kapitel in der Evolution des Gesichts ist freilich die Kreation digitaler *Fake Faces*, die niemand mehr wiedererkennen kann, weil es sie in der wirklichen Welt nicht gibt.

---

1 »Many Facial-Recognition Systems Are Biased, says U. S. Study«. New York Times, 19. Dezember 2019.

## Deepfakes

Im Jahr 1993 erschien auf dem Cover des »Time«-Magazins »The New Face of America«, eine computergenerierte Mischung aus diversen Ethnien und Physiognomien, die die auffallend hübsche Zukunftsvision des »Neuen Amerika« (und einen Alptraum für alle Rassisten) darstellen sollte. Der männliche Teil der Redaktion, ließ das Editorial des Magazins kokett verlauten, habe sich sogleich unsterblich in das prognostizierte Gesicht der »neuen Amerikanerin« verliebt.[2]

Was die virtuelle Arena mit dem Gefühlshaushalt ihrer Nutzer macht, wird von Psychologen schon länger mit Sorge beäugt. Besonders Teenager werden im Netz mit betont sexualisierten und völlig unrealistischen Bildern vom andern Geschlecht konfrontiert. Oft statten User ihre Online-Präsenz anhand von Apps, die die menschlichen Züge nach modischen oder ethnischen Idealvorstellungen bearbeiten, mit den gewünschten Merkmalen aus. Auch als Comic-Figur, Avatar und Monster kann man das eigene Gesicht frisieren. Denn das Internet ist der Ort, wo das Gesicht von der Frage nach Alter, Gender und Identität endgültig befreit worden ist.

---

2 The New Face of America. Time Magazine, Special Issue. 18. November 1993, Vol. 142, No. 21.

Laut Einschätzung des FBI haben computergenerierte Gesichter, auch *Deepfakes* genannt, das
Potential, zu einem der gravierendsten Sicherheits-
probleme der Zukunft zu werden. *Deepfakes* sind
täuschend echt wirkende Bild- und Videoaufnah-
men, die meist in manipulativer oder auch denun-
ziatorischer Absicht digital bearbeitet wurden – indem man beispielsweise Köpfe von Prominenten
auf die Körper von Pornodarstellerinnen montiert.
In der Werbung werden solche Animationen verwendet, um einem Produkt ein berühmtes Gesicht zu verpassen. Hollywood entledigt sich per
sogenanntem *De-Aging* schon seit einigen Jahren
der Arbeit der Maskenbildner. In Ang Lees Action-
Thriller »Gemini Man« (2019) etwa legt sich der
Schauspieler Will Smith mit seinem 25 Jahre jüngeren Killer-Klon an, und die 73-jährige Sigourney
Weaver tritt in James Camerons vorerst letztem
»Avatar«-Abenteuer (2022) als digital verjüngter
Teenager auf. Überzeugend fällt solch virtuelle Ver-
jüngungskur freilich nicht immer aus: Robert de
Niro etwa spielte 2019 in dem Film »The Irishman«
einen um 50 Jahre verjüngten Mann, dessen Bewe-
gungen aber die eines 70-Jährigen blieben.

Dass *Deepfakes* zu politischen Zwecken eingesetzt
werden, gehört längst nicht mehr in den Bereich der
Dystopie. Ein Fake-Videoanruf des Kiewer Bürger-
meisters Vitali Klitschko bei der Regierenden Berliner Bürgermeisterin Franziska Giffey, der im Juni
2022 Schlagzeilen machte, wurde zwar schnell als

stümperhafter Youtube-Zusammenschnitt zweier russischer Komiker ausgemacht. Doch Russland nutzt solche – bisher ebenfalls noch recht unzulänglich produzierten – Videos schon länger, um falsche Informationen im Ukraine-Krieg zu verbreiten.[3] Bekanntlich stehen wir erst am Anfang einer Entwicklung, in der das virtuelle Gesicht dem realen ein Schattendasein zuweist. Abgesehen von digitalen Bildbearbeitungen wirklicher Physiognomien ist die Künstliche Intelligenz inzwischen auch in der Lage, täuschend lebensechte Gesichter ohne jeden Rückgriff auf existierende Personen zu generieren. Solche *Cyberfaces* sind käuflich und vielfältig einsetzbar, sie haben keine Rechte und gehören niemandem. Man kann mit ihnen auf Kundenfang gehen, oder sie als Köder zur Verbrechensbekämpfung im Darknet nutzen. Diese Neutralität, man könnte auch sagen: »moralische Indifferenz«, macht das Cyberface so gefährlich. Wenn man dem Angesicht nicht mehr trauen kann, ist eine massive (und explosive) Vertrauenskrise mit erheblichen Konsequenzen vorprogrammiert.

Künstlich erzeugte Gesichter sind nicht allein von jeder Referenz auf eine reale Person befreit, es sind Chimären, die die Unterscheidung von artifiziell und real überhaupt außer Kraft setzen. Ihnen fehlt jeder Bezug zur Zeitlichkeit, die im analogen

---

3   New York Times, 31. Mai 2024.

Abbild stets ihre Spur hinterlässt. Das Fake-Gesicht existiert nur im Zustand reiner Präsenz. Zwar kann man ein digitales Gesicht virtuell verjüngen oder altern lassen. Doch es bleibt ein Gesicht, das den Gegensatz von Leben und Tod hinter sich gelassen hat in einer neuen Form der Unsterblichkeit.

Damit sind die Bilder bei sich selbst angekommen, der Unterschied zwischen Anwesenheit und Abwesenheit ist kassiert. Wie die Autoren Moritz Riesewieck und Hans Block in ihrem Buch »Die digitale Seele. Unsterblich werden im Zeitalter Künstlicher Intelligenz« bemerken, gibt es Menschen, die mit ihren verstorbenen und virtuell auferstandenen Liebsten auf dem Smartphone Gespräche führen, als seien diese lediglich verreist.[4] Nicht allein das Gesicht wird dabei digital wiederbelebt, sondern auch die Stimme, die sich bis in den Sprech-Habitus als Chatbot reproduzieren lässt. Ob so ein *Comeback* letztlich zu trösten vermag, bleibe dahingestellt. Gewiss ist nur, dass das reale Gesicht weiterhin den Fesseln der Sterblichkeit unterliegt.

---

4 Riesewieck, Moritz und Block, Hans: Die digitale Seele. Unsterblich werden im Zeitalter Künstlicher Intelligenz. München 2020.

## Die Essenz unserer Humanität

Jedes Gesicht ist einzig – doch in der Begegnung mit dem Gesicht des anderen offenbart sich das, was uns alle eint: unsere Verletzlichkeit. Das Pathos eines Emmanuel Levinas, demzufolge jedes Gesicht einen moralischen Appell an meine Verantwortung für den anderen darstellt, hat heutzutage allerdings einen schweren Stand. Die Anonymität im Internet, in der jeder Troll sein Gesicht hinter tausend Masken verbergen kann, ist nämlich nicht allein ein Versteck, aus dem heraus jedermann gefahrlos seine brutalen Impulse ausagieren kann. Die Gesichtslosigkeit im digitalen Raum beraubt uns auch der neurologischen Grundlage für die Einfühlung in eine andere Person. Nur durch Imitation und Mimikry – genuine Gesichtsreflexe, die durch neuronale Prozesse Empathie erzeugen – sind wir in der Lage, nachzuvollziehen, was andere Menschen fühlen. Denn das Gesicht ist der Schlüssel zu der Fähigkeit, den Schmerz des Gegenübers als den eigenen zu erkennen.

Was es heißt, wenn uns »die unterhaltsamste Fläche der Welt«, sei es durch virtuelle Manöver, sei es durch staatlich verordnete Maskenpflicht, abhanden zu kommen droht, ist noch nicht abzusehen. Sicher ist: Das lebendige Gesicht, das eine Geschichte, ein Alter und ein Mienenspiel hat, ist die Essenz unserer Humanität. »Wenn der Mensch das Wesen ist, das sich im Gesicht des anderen spiegelt und wiedererkennt, ist das Gesicht sowohl *similitas*, Ähnlichkeit, als auch *simultas*, Zusammensein der Menschen«, schreibt der italienische Philosoph Giorgio Agamben.[5] Für Agamben ist das Gesicht, genauer: der freie Austausch unter Gesichtern, der genuine Ort der Demokratie. Anders als Agamben aber muss man kein Gegner der Maskenpflicht sein, um zu bedauern, dass das Gesicht heute als Ansteckungsfaktor und Gefahrenherd unter Generalverdacht steht. Einander mit nacktem Gesicht zu begegnen, ist immer ein Risiko. Und es ist ein Geschenk. Ohne das Aufleuchten der Freude zwischen Gesichtern, ohne das Wiedererkennen des Schmerzes in den Zügen des Gegenübers, wäre dies eine trostlose Welt.

---

5  Agamben, Giorgio: Wo das Gesicht verschwindet, werden auch die Toten aus dem Leben verbannt: Gedanken zur unmenschlichen Gegenwart. Neue Zürcher Zeitung, 30. April 2021.

# Literatur

Agamben, Giorgio: Wo das Gesicht verschwindet, werden auch die Toten aus dem Leben verbannt: Gedanken zur unmenschlichen Gegenwart. »Neue Zürcher Zeitung« vom 30. April 2021.

Barthes, Roland: Die helle Kammer. Bemerkungen zur Photographie. Aus dem Französischen von Dietrich Leube. Suhrkamp Verlag, Frankfurt a. M. 1989.

Ders. Mythen des Alltags (1957). Aus dem Französischen von Horst Brühmann. Suhrkamp Verlag, Frankfurt a. M. 2012.

Becton, Will und Hoban, Steven: https://mrbellers neighborhood.com/2001/11/defacing-britney

Belting, Hans: Faces. Eine Geschichte des Gesichts. C. H. Beck Verlag, München 2013.

Braun, Luzia und März, Ursula: Sich sehen. Gespräche über das Gesicht. Galiani Verlag, Berlin 2023.

Brunelle, François: I'm Not a Look-Alike: http://www.francoisbrunelle.com/webn/e-project.html

Josep Carreras Leukaemia Research Institute (https://www.cell.com/cell-reports/fulltext/S2211-1247(22)01075-0).

Catron, Mandy Len: To Fall in Love With Anyone, Do This. In: »The New York Times« vom 9. Januar 2015.

https://www.dasgehirn.info/grundlagen/anatomie

Groebner, Valentin: Ich-Plakate. Eine Geschichte des Gesichts als Aufmerksamkeitsmaschine. S. Fischer Verlag, Frankfurt a. M. 2015.

Halter, Martin: Das geteilte Selbst. Selfies als Existenzbeweis und Kunstform. SWR 2, 15.2.2016.

Horowitz, Alexandra: Disambiguating the »guilty look«. https://www.sciencedirect.com/science/article/abs/pii/S0376635709001004

Köhler, Andrea: Scham. Vom Paradies zum Dschungelcamp. Zu Klampen Verlag, Springe 2017.

Lacan, Jacques: Le stade du miroir (1936). In: Schriften I. Aus dem Französischen von Rodolphe Gasché, Norbert Haas, Peter Stehlin und Klaus Laermann unter Mitwirkung von Chantal Creusot. Quadriga, Weinheim, Berlin 1986.

Lavater, Johann Caspar: Physiognomische Fragmente, zur Beförderung der Menschenkenntniß und Menschenliebe, Band 1. Orell Füssli, Zürich 1968.

Levinas, Emmanuel: Ethique Et Infini. Dialogues Avec Philippe Nemo. Fayard, Paris, 1982.

Macho, Thomas: Vorbilder. Wilhelm Fink Verlag, München 2011.

Matt, Peter von: ... fertig ist das Angesicht: Zur Literaturgeschichte des menschlichen Gesichts. Hanser Verlag, München 1983.

The New Face of America. »Time«, Special Issue vom 18. November 1993, Vol. 142, No. 21.

Picard, Max: Das Menschengesicht, Delphin Verlag, München 1929.

Riesewieck, Moritz und Block, Hans: Die digitale Seele. Unsterblich werden im Zeitalter Künstlicher Intelligenz. Goldmann Verlag, München 2020.

Richtmeyer, Ulrich: Fahndungsfoto. Kriminalistik und biometrische Gesichtserkennung. In: Das Gesicht. Bilder, Medien, Formate. Herausgegeben von Sigrid Weigel für das Deutsche Hygiene Museum Dresden.

Sacks, Oliver: »The New Yorker« vom 30. August 2010.

Schmölders, Claudia: Hitlers Gesicht. Eine physiognomische Biografie. C. H. Beck Verlag, München 2000.

Strittmatter, Ellen: »Corriger la nature. Ich bin für Masken«. In: Bildnispolitik der Autorschaft. Herausgegeben von Daniel Berndt, Lea Hagedorn, Hole Rößler, Ellen Strittmatter. Wallstein Verlag, Göttingen 2018.

Sykora, Katharina: Totenmaske. In: Das Gesicht. Bilder, Medien, Formate. Herausgegeben von Sigrid Weigel für das Deutsche Hygiene Museum Dresden.

Ullrich, Wolfgang: Selfies. Digitale Bildkulturen. Wagenbach Verlag, Berlin 2019.

Weibel, Peter: Das menschliche Gesicht ist in der Krise. »Neue Zürcher Zeitung« vom 15.08.2021.

Wysocki, Gisela von: Fremde Bühnen. Europäische Verlagsanstalt, Hamburg 1995.

Eine kürzere Fassung dieses Textes
ist im Dezember 2023 in der Schriftenreihe
der Vontobel-Stiftung, Zürich, erschienen.

2024
zu Klampen Verlag
Röse 21 · D-31832 Springe
info@zuklampen.de · www.zuklampen.de
❧
Reihenentwurf: Martin Z. Schröder, Berlin
Satz: textformart, Göttingen
Gesetzt aus Baskerville Ten
Druck: CPI – Clausen & Bosse, Leck
❧
ISBN 978-3-98737-027-4
❧
Bibliographische Information der
Deutschen Nationalbibliothek:
Die Deutsche Nationalbibliothek
verzeichnet diese Publikation in der
Deutschen Nationalbibliographie;
detaillierte bibliographische Daten
sind im Internet abrufbar:
http://dnb.d-nb.de